成功经营企业的利润导向思维

奔跑吧

陈泰宏◎著

利润

中国财富出版社

图书在版编目（CIP）数据

奔跑吧！利润：成功经营企业的利润导向思维/陈泰宏著 . —北京：中国财富出版社，2015.5

ISBN 978 - 7 - 5047 - 5672 - 5

Ⅰ. ①奔… Ⅱ. ①陈… Ⅲ. ①企业利润—企业管理 Ⅳ. ①F275.4

中国版本图书馆 CIP 数据核字（2015）第 081947 号

策划编辑 刘淑娟		**责任印制** 方朋远	
责任编辑 刘淑娟		**责任校对** 饶莉莉	

出版发行	中国财富出版社		
社　　址	北京市丰台区南四环西路 188 号 5 区 20 楼	**邮政编码**	100070
电　　话	010 - 52227568（发行部）	010 - 52227588 转 307（总编室）	
	010 - 68589540（读者服务部）	010 - 52227588 转 305（质检部）	
网　　址	http：//www.cfpress.com.cn		
经　　销	新华书店		
印　　刷	三河市西华印务有限公司		
书　　号	ISBN 978 - 7 - 5047 - 5672 - 5/F · 2372		
开　　本	710mm × 1000mm　1/16	**版　次**	2015 年 5 月第 1 版
印　　张	13.75	**印　次**	2015 年 5 月第 1 次印刷
字　　数	197 千字	**定　价**	35.00 元

序　言

成功经营企业需要利润导向思维

随着经济全球化进程不断加快、信息技术不断发展，企业在市场竞争中面临着从未有过的急剧变化。越来越多的中国企业家发现，由于激烈的竞争和经济环境变化、人力资源的短缺，企业的利润压力正在不断加大。为此，有的企业选择进行草率的多元化扩张，有的企业大打价格战，但最终成功者实为少数，大部分企业不是遇到种种难题就是收效甚微。

可见，企业**原有的利润增长模式已难适应新的市场环境**。想**要成功经营企业**，需要一种全新的利润导向思维模式。而企业领导者有必要从更新的角度对企业的经营战略、利润模式进行观察和思考，并找到一条适合企业发展的新道路。

毋庸置疑，如果企业经营发展的状态较好，则能获得可观的利润。但企业利润的持续增长，应该以企业内部科学严谨的利润管理体系为基础，从而让利润和企业经营管理工作的效果有双重保障。然而，就目前的企业经营活动来说，经常会出现下面三种导致利润下降的问题。

首先，盲目扩张企业业务范围。虽然给客户提供过多的服务，一时间满足了客户的需求，但企业的利润无法从本质上提高。其次，过度重视产品。企业的产品依赖于成本，而成本则依赖于供应的原材料和人力资源，过分重视一个链条上的某一点，而忽略其他环节，往往犯了片面主义错误。最后，过度重视管理。重视管理不是坏事，但对企业过多的管理和控制，往往会导致企业的作业效率下降，最终影响利润。

当然，上述因素只是影响企业利润的全部原因中的几个典型。每个企业所处的竞争环境和自身实力不同，影响因素也各有不同，需要具体问题具体分析。但从上述几点因素中，可以初步看到，一些企业虽然有较高销量但却缺乏利润，这些企业虽然能短期获得利润，但后期却难以为继。甚至有些企业的规模不断扩大但却丧失了竞争力，一旦面临竞争，企业的赢利就无法保证。

对此，企业领导者应该将利润导向思维引入到经营决策和实战管理中，及时对经营问题的模式进行梳理、确立，解决可能出现的问题——这也是本书创作的初衷，相信能够为广大企业家朋友及各界管理人士提供良好的思维源泉，带来重要的决策灵感。

本书架构如下：

第一章粉碎了大量中国企业所相信的利润假象。这些假象包括对市场份额的盲目崇拜、希望从每个客户身上都获取利润等想法和行动等。针对这些利润假象，企业管理者应该认识到利润密码的本质，并作出相应努力。

第二章重点突出了观念的重要性。在成功经营的利润导向思维中，观念是非常重要的。只有拥有正确的经营观念，才能创造出高利润。对此，本章提出了减少库存积压增加现金流、量化股东利润并用营销落实、从日常经营管理中挤出利润、销量提升的同时资金链不能断、开辟新利润源等方法。精读这一章，能够明白企业管理者观念改变的方向，并付诸行动。

第三章指出影响利润的关键因素。本章内容从利润导向思维出发，帮助读者探索利润空间。其中，包括根据现有现金流状况作出改善、应收账款是否到账、积极盘活资产、将客户看作稳定的利润来源等。提出了新颖而富有启发性的观点，强调客户的重要性，并从对客户的关系管理中获利。

第四章强调在创新时代，企业怎样避免因为竞争而损失利润，确定属于企业自身的利润之道，并解决创业期间企业的生存压力。尤其在市场陷入波动期时，应该对企业经营决策进行及时调整并提前做好规划、占领市场的高地。通过这些办法，企业将能够合理避开竞争，从而持续获得利润。

第五章将帮助企业树立营销地位，打破原有惯例、树立企业竞争的新标准。这意味着企业必须要让自身产品获得更多价值——通过定制个性化的产品、品牌营销乘法模式、控制好价值链条、预测客户偏好变化、打造产品金字塔等手段，企业必将能找到最适合自己的营销模式。

第六章是关于企业赢利的组织再造。对组织进行再造，是企业赢利能力的助推器。通过打造组织中的"利润中心"、对组织进行扁平化改造、以客户为组织结构变化的导向、对组织结构进行优化、打造合作型组织等，企业将能够再造组织，取得更大成功。

第七章关注的重点是控制成本，指出降低成本是企业提高竞争力并获得利润的关键。而在第八章以战略眼光，指出企业必须注重现在和未来两个时间段中对利润的关注，从而获得利润不断增长的延续性。

总体来看，本书最大特色，在于利润相关知识的全面性、分析的现实性和案例的翔实性。通过大量来自咨询工作生涯的具体实例，论述更为有力，也更加科学。对于那些深陷亏损而难以改变现状的企业，或者是那些正在不断成长但有着更高目标的企业，从高层领导者到基层管理者，都有必要花费足够的时间来研读本书，它不仅能让你的企业生存得更好，还能让你的企业获得领先地位。

为企业获取利润是企业家的天职，而那些忽视了履行自身天职的企业家，恐怕会在未来的征途上遇到更多艰难险阻。只有充分锻炼自己履职能力的人，才有资格带领整个企业不断从市场中分享蛋糕，并做到长远发展！

作　者
2015 年 3 月

目　录

第一章

揭穿利润假象，破译利润密码

何谓利润

对于企业来说，追求利润是永恒的主题。

利润究竟是什么？

广义上的利润，是指收入除去成本和税金后的余额。通常，引起利润变化的要素分别是收入、成本和税金。想要增加利润，就必须在提升收入的前提下，降低成本以及合理避税。

为什么要关注利润？

做企业的人都知道，企业是一个赢利性的经济组织，利润就是它存在的意义和目的。这本是一个再简单不过的道理，可如今这个简单的问题却似乎越来越复杂化。当今关于企业管理的各种理论漫天飞舞，如赢利模式、文化、战略、流程、考核等。管理者们总是学了一大堆道理，真正应用到实践时却无所适从，导致遇到危机时便病急乱投医，效果可想而知。

还有一些企业，管理者整天处于异常忙碌状态，却始终未击中要害。员工以千位、万位计算，创造的价值却少得可怜。莫说一年到头赚个盆满钵满，许多企业辛苦一整年最后却接连亏损。

时间久了，企业人普遍也都忘了最基本的课题——**企业生存必须以赢利为目的**。所以，管理者有必要时刻关注企业利润的变化，将阻碍利润攀升的问题扼杀在摇篮里。只是，大部分管理者关注利润的焦点、方式有

误，很多老板更关心自己赚了多少钱。这种过于狭隘的思维往往导致忽略了其他方面——"收入 - （成本 + 税金）"后的余额这一简单数字背后的含义。

管理者应该反思，是否应该利用更多时间，探究不同数字背后的联系和它们所代表的深刻含义等。通过研究和分析，找到利润增加/下降的原因，从而使接下来的管理工作更具目的性。

虽说利润只是一些数字，但却反映出了企业的赢利能力。

很多企业会要求相关部门定期出具财务报告，分析、观察公司运营是否存在不合理的情况。但是，企业人不能单一地看利润，以为它越大越好。这种想法很容易让企业陷入"畸形发展"状态，不利于后期的管理工作。企业人要做的就是保证利润结构的合理性。在这一前提下，寻找提升利润的机会，让企业具有更强的"吸金"力。

朋友老夏是一家大型贸易公司的总经理。企业成立十几年来，一直保持较快的发展速度，这一切都源于老夏对利润的研究和追求。

根据公司流程，公司财务部经理每个月5日前要将上个月月度财务报告交给老夏过目，年度财报则是在翌年1月15日之前上交。老夏会将这个报告作为高层开会的重要材料，对利润和相关数据进行分析、讨论。由财务部经理对数据的合理性进行把关，并将影响利润的问题总结出来。老夏深知，数字往往是表象，数字背后的问题才是企业面临的真实现状。于是，当问题总结出来后，老夏会直接与问题相关的部门负责人沟通、分析，尽量在短时间内找到解决办法，从而把影响利润的不良因素清除，同时增加提升利润的良性因素，这就是保障公司赢利的关键。

可见，光看数字只能对企业一定时期的经营成果有大致了解，却缺乏对公司利润情况的深层次认知。像老夏这样的经理人是明智的，他把财务报告当成总结工作、发现问题的依据。并且，虽然老夏有多年管理经验，但他还是听从财务部门的专业报告，而不是自作主张妄下结论。

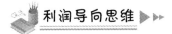
利润导向思维 ▶▶

以利润为导向经营企业，培养利润导向思维是每个企业人的必修课。

1. 利润代表企业的赢利能力，但数字往往只是表象

大部分管理者在拿到一份财务报告后，会先读取报告上的各项数据，包括利润值。如果数据是合理且稳定的，就能通过利润的增长和下降，大致判断企业的赢利能力。但现实中，数字往往只是表象，企业几乎每天都在不间断运营中。一定时期内，利润形成的原因不只和当前的财务数据有关，也可能与前几年的数据有密切联系。例如，企业在 2011 年度推出的项目，前两年有很多赢利资金未进账，甚至还在不断投入，等到 2014 年才开始进账。此时，这个项目相应的成本就会减少，而利润则会成倍增加。所以，时间就对利润分析产生了一定影响。

另外，对利润的分析还受应收账款与坏账的影响。几乎每个企业都存在应收款项，这是和现款结算业务相对的，即出现了发货、收货与收款、付款不一样的情况。应收款项很可能在一段时间内收不回来或最终变成"坏账"。那么，前期的应收款项则不能反映后期的利润有所增加，甚至还存在减少的风险。

2. 最终利润是数个财务要素共同作用的结果

从"利润＝收入－（成本＋税金）"这一公式看，利润是随着其他要素的变化而变化的，也是多个财务要素共同作用的结果。它几乎不会独立存在。根据利润变化的结果，我们可以更好地发现问题，找出对策。

例如，一份财务报告显示，某企业一定时间范围内的利润减少了。通过报告可知是由于营业收入减少造成的利润降低，那么，下一步管理者就可以围绕"提升营业收入"剖析相关原因，谋划对策。

3. 企业人重视利润、利润导向，并非要"坑蒙拐骗"

坑蒙拐骗不是在追求利润，那和赚黑心钱无异。所谓的利润导向，是指以利润为目标，并且这个目标是在保证产品质量，合法生产、经营的前提下，在经营相关业务、做目标决策时以利润为导向，确保企业人赚的每一分钱都是"阳光下的利润"。在这一过程中，不管你用什么理论和管理工具，无非都是实现目标的方式，让企业赢利并使利润最大化才是你最终的目的。基于这一思维，企业无论是营销定位、组织再造，还是成本管控，一切决策就都清晰简洁了——如何赢利，让利润最大化。

有些无良商家在保证不了产品质量的前提下就去追求利润，这无疑是错误的。但无限追求完美质量，而忽视投入与产出，同样是愚蠢的。让你的客户十分满意是正确的，但以超出企业承受范围内的高成本让客户满意，运营则是不健康的。所谓利润导向的秘诀，就是要平衡好与利润相关的各个要素，最终实现利润最大化。

种种迹象表明，利润不只是几个简单的数字，而是蕴藏着许多问题的经营密码。不管怎么说，忽视利润的企业，管理得再好也难以维持长远生计。唯有以庞大的利润为基础，才能发展、致远。

如果用一句话结语便是：没有利润，企业就没有一切！

市场份额越大利润越大

对企业人来说，"市场份额"似乎总是关注的焦点。严格地讲，市场份额也称为市场占有率，是指一个企业的销售量（或销售额）在市场同类产品中所占的比重。它代表着企业的产品在市场上所占份额，换言之，就是企业对市场的控制能力。然而，很多管理者将追求与扩大市场份额当成企业最经典的战略，片面地认为：市场份额越大，利润也就越丰厚。

实际上，从 20 世纪 70 年代中期的研究开始，"较大市场份额能够产生较大利润"的观点就开始流行。这种研究从常规意义上着眼，认为市场份额达到一定规模的时候，企业用于生产或者制造的成本就会相对降低，而利润也就超过了那些市场份额较小的竞争对手。但由于很多管理者认识上的模糊不清和实践中的急功近利，导致企业在市场份额方面出现这样或那样的问题。

所以，企业在努力实现适度的市场份额的同时，还应正视"市场份额"——**市场份额和利润之间表面上存在的正比关系，实际上是十分脆弱的。即使拥有高市场份额，也并不意味着高利润。**

有不少企业在扩大市场份额后才发现，企业的赢利不但没有增加，反而在不断减少。

这是因为企业在扩大市场份额的过程中，虽然销售增长使得生产成本下降，但用于扩张的费用增长远远大于且快于生产成本的下降。加之竞争使价格下降，单位产品的赢利随之下降，最后企业产品的总体赢利能力下降。

扩大市场份额的成本之所以快速增长，一是因为增加的管理、营销人员缺乏一定经验或素质不高，导致成本失控；二是竞争对手的强烈反击导致成本增加。同行业里，A 企业抢占市场份额，B 企业必然采取竞争行动。如 A 企业加大广告投入，B 企业也会增加广告投入；A 企业降低产品价格，B 企业也会降低价格。带来的结果往往是企业付出了很大的代价，看似市场份额在扩大（通常表现为销量增长），但总体赢利水平却下降了。

事实上，企业的利润除了受市场份额的影响外，还受竞争度、行业景气度、企业管理力、产品质量等因素的影响。而市场份额只是影响企业利

润的因素之一。明智的企业不应把利润增长的全部希望寄托在抢占市场份额上。

世界 500 强企业戴尔公司曾成功地利用网络直销闻名世界。自 1984 年成立以来，除了在 1993 年因尝试其他销售渠道而第一次亏损，其销售业绩一直平稳上升。但这一上升曲线在 2005 年后戛然而止。戴尔公司的业绩连续多季度低于预期。尽管戴尔公司的创始人迈克尔·戴尔重新出山，发誓要夺回市场份额，却似乎始终未遂。专业分析师们认为，导致这一结果的根本原因是戴尔自 2003 年起就迷上了通过"价格战"疯狂地抢占市场份额，正是这种激进行为导致企业整体业绩下滑。后来，迈克尔·戴尔曾坦言："有些业务我们过于激进。"资本市场分析师基思·巴赫曼对此评价更是刻薄："戴尔为自己设计了一个价格难题，简直就是咎由自取。戴尔总是不厌其烦地强调市场份额的增长，最后的结果却是利润大幅下滑。"可见，努力在市场份额的竞争中争第一，往往得不偿失。企业与其抢占市场份额，不如追求"适度的市场份额"，要懂得在适当的时候悬崖勒马。

利润导向思维 ▶▶▶

企业人必须意识到，"单纯依靠巨大市场份额就能够获得高额利润"的理念已经过时。这种理念让许多管理者和执行者认为，只要降低价格，就能获得市场份额，并进一步排斥对手。而当对手被赶走之后，由于对市场的控制，就能让企业获得更大利润。

这种观点是有失偏颇和理智的。利润导向思维告诉我们：

1. 市场份额即使增大也不一定带来利润

市场份额是以产品为中心的，这种思维让人们将市场份额和利润挂钩。但从 20 世纪 80 年代开始，竞争激烈，企业扩张逐渐陷入困境。许多大公司发现，产品虽然在市场上销量大增，但由于成本、价格的影响，反而导致其利润方面损失巨大。这是因为随着营销和采购思维的变化，以产品为中心已经被以客户需求为中心所替代。

2. 成功的公司并不总是增加市场份额

当和产品相关的市场正在不断发展的同时，那些成功的公司并不总是会增加市场份额。还有不少公司希望减少市场份额。这种观点看起来似乎并不符合规律，甚至有悖于经营企业的原则。但是，正因为采取了这一观点，那些公司才放慢了扩张的脚步，恰到好处地控制了成本，避免了市场过热的"泡沫"，为未来的竞争做好了万全准备。

3. 市场份额和利润之间的关系并非只是价格

传统观念之所以拘泥于市场份额和利润之间的正比关系，是因为更多的市场份额看起来和更低的价格有关。但实际上，许多产品的市场之所以难以打开，并非因为其价格太高，而是其本身的质量不过关。如果是质量引起市场份额的变化，那么，最终利润高低就难以用简单的市场份额与利润的关系来表达了。

总之，企业家应该将市场份额看作自己追求的结果，而不是原因和手段。如果企业真的已经为市场提供了良好产品和服务，并满足了客户的真实需求。那么，企业就会顺理成章地通过正确的营销方式和途径获得较大的市场份额，最后获得丰厚的利润。

人人有利可图

在过去的商业时代中，企业的赢利模式并不难以描述和理解。当企业

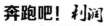

提供了某一种产品和服务给客户之后，客户购买的价格高于生产和服务的成本，这样的交易对于企业就有利可图。基于这样的理念，过去的企业不断扩大自己的客户群，认为多一个客户，就能多带来一分利润。

然而，在当下的市场中，**盲目采信这种传统理念是相当危险的——并不是每个人都能为企业带来利润。**

显然，绝大多数企业在刚刚发展起步的时候，不应该对自己的客户有所选择，它们应该通过扩大自己的客户群体来获得应有的市场影响力。然而，当企业发展到一定规模之后，如果能够有选择地放弃某些可能客户，而为另一些重要的可能客户服务，其利润情况就能得到进一步改善。这表现在企业将大大降低经营成本（包括管理、服务、人工、运输等），同时，为那些被认为是重要的目标客户提供更好的产品质量、更为细致周密的服务。

如果能够做到这一点，我们就可以说，这些企业放弃某些客户是值得的，放弃客户并没有带来营业额度的减少，也没有带来利润的减少。相反，放弃客户使得企业能够在营业收入虽然基本相同的情况下获得更多的利润。

越来越多的销售型企业正在通过建立不同的顾客关系、利用管理系统来区分不同的顾客，从而判断哪些客户是能够带来高额利润的，哪些客户带来的利润比较普通，哪些客户根本无法带来利润。

学会区分客户的这种"潜力"是很重要的，因为即使客户所展示的并非直接的利润，企业也应该做出预判，分析和判别他们究竟能在未来带给企业怎样的收益。

对于生产型企业来说，情况也同样如此。不少成熟的生产企业会对销售商进行全面的评估，而这样的评估是基于他们提供的利润不同的情况。如果生产型企业发现，自己的一个销售商客户所交出的销售额是 50 万元，而另一个是 500 万元，那么，基于提供给两家客户的服务成本基本相同的情况，该企业显然会采取手段来区分客户——例如，可以继续给前一家企业提供服务，但是每次进行交货的时候要提高手续费用等。

虽然在普通的零售领域，经常听到"客户是上帝"这样的口号，但对于企业的经营管理者来说，这种口号并不提倡。你必须要学会接受"客户对企业的重要性其实并不相同"的现实。以一个并不恰当的比喻来看，一些客户是封建社会中的皇帝，另一些客户是贵族，而剩下的客户则大多是平民乃至贫农。

一旦企业家发现"贫农"级别的客户，就应该围绕其对于公司的意义和价值进行思考。不妨推想，这样的客户是否能够为企业带来利润，企业会不会因为他们而赔本？显然，如果思考了这样的问题，企业家就会发现，在这些客户身上花费的时间会无所偿还，同时导致企业家的时间无法集中投入在那些真正值得建立牢固关系的客户身上。这样，企业所面临的危机就很明显了。

CRI 公司，就经历了不分客户和区分客户的变化过程。

朱迪·科尔森和姐夫·帕普离开了原来的公司，共同创建了 CRI 公司。

一开始，这家公司业务增长顺利，不少客户都是整个美国著名的大公司，然而，CRI 的客户实在太多了，难以让企业领导者去发现哪些客户是优质的，哪些客户则并没有那么重要——这样的结果是，该公司的好客户并不多。

针对这样的情况，公司领导者决定对客户进行排名。他们按照销量和利润率，将 CRI 公司的 157 名公司客户进行分档归类，希望从中筛选出能够提供最多利润的最佳客户。为此，企业将每个客户在当年度为整个公司带来的直接营业收入作为基础数值，然后减去公司所付出的直接成本、销售费用；然后，将不同的客户放在由销售量和边际利润两个维度组成的象

限体系中，这样，就能得到四个象限归类的客户，分别是高销售量高利润、低销售量高利润、高销售量低利润和低销售量低利润。

经过这样的区分归类，CRI 公司的领导者发现，目前现有的 157 个客户中，只有 10 位客户是在高销售量高利润的象限中，他们所带来的销售量占据了整个公司的 29%，而带给公司的利润则是惊人的——高达 70%！其他客户中大部分则位于中间两个象限，看起来对公司既没有作出利润上的巨大贡献，但也没有特别的伤害，如果考虑到成本，那么，其中很多客户是让公司无利可图的。

有鉴于此，公司两位领导决定，减少对那些无法提供利润的客户所给出的服务资源，转而将注意力集中投入到对公司成长真正能够提供帮助的客户身上。

通过这样的研究、分析和归类，CRI 公司挑选出最重要的客户，在之后的十年中，该公司将客户减少到了一半，但公司的销售量却提高一倍，利润也比过去增加了两倍。

利润导向思维 ▶▶

大量的案例证明，将客户数量等同于利润数量是相当不科学的，比之更加不科学的是，认为只要是客户就能带来利润。这种思维导致企业领导者的注意力被分散，出现了对经营和管理方向的误导。为此，企业领导者应该从以下方向来重新整理相关的利润导向思维。

1. 对客户的态度无区别，但程度有区别

虽然对客户的服务态度应该是相同的，但显然，如果认为这种相同决定了企业投入程度就应该相同，那显然是对企业家严重的误导。这是因为，对客户的投入程度并非仅仅是企业的某一方面，而是决定了企业整体

的成本投入、边际利润。因此，企业家必须要对客户进行区分，并根据区分结果来决定投入程度。

2. 并非每一个客户都需要长远维持

企业维持客户关系是理所应当的，但问题在于，维持客户关系是一种手段，而并非目的。企业家应该具有良好的结果导向思维，对维护客户关系之后产生的结果进行预先判断，然后决定是否进行长远的维护。这种对结果的预先判断，应该有不同的方法。例如，将客户提供的利润科学化、数量化。又如，分析客户目前的发展潜力并明确其未来发展速度等。这些方法可以帮助企业家发现客户是否值得长远维持。

3. 采取符合企业现实的方法来筛选客户

并非每个企业评价客户的方法都是相同的。这是因为每个企业的特点不同、发展阶段不同，这些企业所需要的客户特点也不同。这就决定了企业家应该结合企业的现实，来评价客户的不同价值。例如，一些企业由于发展阶段较早，需要重点关注的是客户能够马上提供的营业收入；与之相反，另一些企业应该看重未来的发展，所以需要关注的是客户未来的潜力。对于不同企业来说，只有选择了正确的方式方法去评价客户，才能发现能够提供高价值的客户，并淘汰价值较低的客户。

"质"与"量"，哪个更重要

对企业而言，"质"和"量"无疑是追求利润过程中的两个重要指标。然而，企业人是否思考过这样的问题："质"与"量"，究竟哪个更重要？

顾名思义，质指品质。量指产量、销量。

如今，很多企业之所以在发展过程中变得盲目化，不仅在于旧有经济秩序的影响，还因为企业领导者最在意、最想看到的往往是企业产品的产量、销量。因此，在许多企业家眼中，"量"的疯狂增长被看作企业获得成功的保证，并将其作为企业未来发展的目标，希望通过"量"带动企业的利润增长。这些企业中，有产品和服务质量都一般的公司，有企业组织结构不合理的公司，还有经营管理不力的公司，他们似乎都在单纯追求"量"的增长。甚至有深受这种思维影响的企业管理者这样概括道："量的增长，能够掩盖大多数的管理问题，即使管理中出现问题，销量在增长，也能够减少股东和投资者的质疑，甚至弥补我们管理的错误。"

幸运的是，这样的思维理念已经逐渐瓦解，越来越多的企业领导者发现，**产品的"质"和"量"与利润并不成正比。盲目地追求产量、销量而忽视了品质，是利润流失的开始。**

在数字印刷业，其产品就是一场"质"与"量"的较量。众所周知，只要企业有了好的数字印刷机、熟练的操作人员，并正确维护印刷机，就能确保印刷品质。但是，这需要专门的资源和时间。并不是所有企业领导者都觉得这样做是值得的。部分领导者认为，数字印刷非常标准，不管采用什么机器，如果操作人员重视质量而不是速度和产量，那么印刷就会达标。但前提是，印刷厂里必须有人能解决渐变色质量、墨杠和其他颜色一致等一系列问题。有调查显示，在众多参与企业中，只有极少数的企业乐意做这些"多余"的事。其他企业似乎更关心如何缩短印刷周期、如何迅速量产的问题。无可厚非，或许这些企业有自己的立场。但置换立场想一下，如果你是客户，是不是更想找一家能确保印刷品质、重视各项质量指标的印刷厂呢？

由此可见，企业追求利润是一把"双刃剑"。有速度、产量高、销量好当然是企业人应该追求的。但前提是必须在"质"与"量"之间取得平衡。

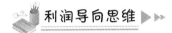利润导向思维 ▶ ▶ ▶

在更早的时代中，许多行业中竞争对手较少，而客户也难以有选择权利。这样，企业就不需要盲目追求"量"。然而，在过去的二三十年，随着工业技术的不断进步、企业组织结构的创新、企业管理模式的进步、全球市场竞争的激烈、信息技术的变革等，市场的游戏规则发生了改变。在激烈的竞争状态下，不少企业试图通过追求"量"来提高收益。但企业管理者应该看到，"量"的渠道即使畅通，也并不意味着利润的增长。下面这些现象充分说明了这一点。

1. 降价导致的无利润现象

在信息化高速发展的今天，消费者很容易就能通过各种信息渠道发现性价比更高的产品。这种情况迫使不少企业不得不降低产品价格，以确保产品的销量。而很多企业领导者的主观思维也导致他们习惯性地通过下调价格吸引顾客，从而确保销量增长。但结果呢，利润不升反降，甚至无利润现象由此产生。

尽管之前的市场情况并非如此，掌控最多利润的往往是销量最好的企业。但随着"无利润现象"的扩大，规矩被改变了。市场中无利润区间正在扩大，其表现形式也越来越多样。而无利润现象的种类也越来越多——既有个别用户，也有大型的公司客户。

企业管理者必须意识到，无利润现象是企业的黑洞，当企业为了追求"量"而盲目投入，忽视"质"之后，无利润现象会导致这些资金被浪费，反而无利可图。

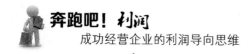

2. 通过创新而非盲目追求"量"来提升产品价值

对客户来说，购买的前提是你的产品要对他有价值。产品价值的大小往往决定着客户是否有购买欲。随着市场的变化，出现了更多的优秀企业管理者，他们通过创新而并非盲目追求"量"来提高企业价值。

简明扼要地说，创新的企业家们之所以能够找到方法，是因为他们的思维由"以产品为中心"转变为"以客户为中心"。他们从利润如何产生的源头寻找线索，反过来思考企业自身的问题。通过观察不难发现，"以产品为中心"的时代早已结束，能够适应未来的企业，必定是更加靠近客户的企业，也是更能够主动创新、提升产品价值的企业。而那些一味地追逐"量"，对"质"视而不见的企业注定被淘汰。

市场占有率过时了吗

随着对市场份额、数字增长等一系列盲目崇拜的迷思的破解，新的问题也随之出现在企业管理者的面前：市场占有率这一概念究竟是否过时了？

实际上，即使是最创新的企业管理者和领导者，也都没有认同市场占有率过时的概念。这些创新的企业家为许多公司带来的不仅仅是价值和利润的提升，同时也带来了很高的市场份额。因此，市场份额的概念并没有过时，但必须明确的是，有关于市场份额的思考方式和方法，和传统的方式方法是截然不同的。

在传统的市场份额观念中，市场份额和利润的相关联系被过于简单化，企业家们往往认为，只要获得了市场份额，利润就会随之而来。两者之间的关系简单明了、非常直接。

但今天的成功企业家之所以起到了创新作用，**在于他们发掘出了新的**

思考模式去看待市场份额，那就是企业家首先去了解客户最看重什么因素，然后清楚企业在这些因素的哪些方面可以获取利润，最后才是通过其中哪些方面能够获得市场份额。

显然，传统理念中，获得市场份额被放在中心位置，被看作经营的目的，而在更符合现实的理念中，客户和利润被放在中心位置，被看作企业价值增长的主要模式。通过对客户和利润的追求，市场份额逐渐获得提高。

不妨看看在不到十年的时间中，迪士尼公司是如何从100亿美元的利润增长到1500亿美元利润的，其企业设计的变化，体现出了市场占有率概念变化的轨迹。

1955年，洛杉矶迪士尼乐园正式开园，这标志着迪士尼的商业模式正式开始出现，走上了一条从电影—电视电台—衍生产品—乐园的完整产业链。

发展到今天，迪士尼公司的事业部涵盖广泛，分别包括影视娱乐、媒体网络、主题乐园、互联网媒体等。立足于这样的完整产业链，迪士尼利用娱乐循环的概念，打造出独有的赢利模式来获得市场份额的提升。

这种赢利模式被称作轮次收入模式，又被称作利润乘数模式。

在这样的模式下，迪士尼以其动画产品作为生产的源头产品，然后利用影视娱乐、主题乐园以及消费产品等不同的产业环节，演变而成一条完整的利润生产链。在这样的生产链不断循环的过程中，利润得到了增长，客户需求得到了满足，而市场份额也自然获得扩大。

第一轮，迪士尼不断推出一部部动画大片，这些大片制作精美、包装得体，并开展了广泛而深入的市场营销。其中，每一部电影都获得了大力的宣传，并通过在全球各个市场放映而获得了丰厚的市场份额。随之而来的，是对电影拷贝的销售利润和录像带、版权的发行利润。

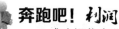
第二轮，迪士尼会结合每次上映的电影，在主题乐园中增加新的角色，举办相应的活动，吸引顾客前来消费，这样，顾客想要在现实世界中获得电影体验的愿望得到了满足，而利润也随之产生。

第三轮，迪士尼通过将相关形象、故事、音乐、品牌等授权给全球相关的生产商、零售商和服务商，获取新的利润。

观察迪士尼的经营模式，其产业链的运作离不开对市场份额的重视，但更没有完全围绕市场份额。在进行产业链延伸的过程中，他们并没有表现出要将儿童和未成年人的消费市场份额全部吃下来的野心，相反，迪士尼坚持着他们自己的准则——所有产品都要和源头起点，即影视作品有着紧密联系。这也意味着迪士尼更加看重的还是客户需要，客户需要的感觉是从影视作品中延伸出来的，而并非铺天盖地的迪士尼形象。

正因为如此，迪士尼公司并没有将自己的动画产品看作开拓市场份额的工具，而是将之当成资源去开拓客户需求和利润。例如，迪士尼并不是简单地靠衍生品去占领市场，而是进行事先的规划和设计，在设计电影故事的同时，就对衍生产品的销售进行设计。而在电影还没有开始上映前的流行期，相关消费品就已经开始投放进入市场了，这样，迪士尼提前占领了市场份额，也获得了更高的利润。

迪士尼的案例证明了一点：市场份额并没有过时，但围绕市场份额的思维方式必须要进行适当改变，从而得到良好结果。

利润导向思维 ▶▶

市场份额的思维并没有过时，相反，只有正确地认识到市场份额的重要作用，才能在企业发展的过程中采取正确方法去发现正确的方法。

1. 保护好现有市场份额

目前处于市场中领先地位的公司，如果想保持第一位的优势，既要找到扩大总利润的方法，也要通过积极主动的方法来保护现有市场份额。这是因为市场份额的高低虽然并非完全的中心，但却在一定程度上影响着企业在市场中的地位，也会影响其获得的利润。因此，企业领导者应该做到不断创新，从而拒绝对现状的满足，成为产品创意、顾客服务、降低成本等方面的先行者。

2. 市场份额的竞争源于客户份额的竞争

客户份额的竞争，意味着一家企业的产品或服务在某个客户所有相关消费中所占的比重。企业家应该了解，客户在市场中很懂，但是，真正对于企业有价值的客户并不多，能够让企业赢利的客户很少，而长期战略的客户则更少。许多企业盲目追求市场份额，却忘记了应该追求自己在大客户的业务中所占有的比率。之所以如此，在于企业缺少对优质客户所进行的一对一的营销战略。

为了改变这样的情况，企业家要在现有的潜力客户中，通过专注于大客户营销，去满足客户需求，提高客户满意度，大力提高自身的产品和服务在客户购买中的比重，并建立长期合作的关系。可想而知，随着企业角色的变化，客户忠诚度会提高，而客户自身的价值会得到彰显，大客户更是会不自觉地提高购买份额。当客户群体不断扩大，企业就能够提高客户准入的门槛，从而加大对市场份额占据的力度。

3. 高市场份额应该建立在高绩效基础上

迪士尼成功的案例表明，许多优秀的企业虽然没有将追求高市场份额放在目标中，但他们的确具有了良好的市场份额。除了个别企业之外，这

样的企业并非利用低价方式来获取市场份额，而是超于他人的绩效。

具体来说，这些市场冠军对市场份额的占据之所以是实至名归的，在于他们在市场创新、产品质量、品牌声誉等方面都做的无懈可击，因此，这些企业尽管可以制定出较高的价格，但他们更能够在这样的价格中收获比起一般竞争者更多的利润。即使在面对较大价格压力的情况下，这些企业的定价和其他竞争对手相比仍然会高出不少。之所以如此，在于这些企业所拥有的是能够带来丰厚利润的优质份额，因此，他们不仅是市场中份额的领先者，还是能够拥有最高定价能力的领先者。可见，对市场份额多少的追求，并不是企业最应该关心的，它们应该关心的是市场份额的优劣。

总之，优秀的企业赢得市场份额的条件，在于其高人一头的绩效，而不是压缩利润。这说明，只有优质的市场份额才能带来水到渠成的效果，反之，如果盲目追求市场份额的数量，就会导致市场份额的劣化。因此，企业对于市场份额的渴望，必须建立在绩效追求的基础上，一旦绩效的根基牢固，利润目标的实现也就相对容易。

企业设计如何创新

虽然成熟的企业家知道，通过挑战和创新，能够以提升绩效的方式来获得优质的市场份额，并获取高额利润。但他们无法回避的事实是，这种追逐高额利润的游戏无法结束。对于每一个企业而言，战场永远不是固定一处的，利润区间也并非固定不变，即使在他们各自最擅长的领域，如苹果公司面临着三星带来的挑战压力、阿里始终面对着腾讯的挑战……更不用说其他的企业也在面对类似者所引起的竞争，所以，必须要对企业自身赢利模式进行不断创新，否则利润就会流失。最重要的是，这些企业已经有了一定的客户忠诚度，但这些客户并不希望看见自己手中的商品或感受到的服务变得越来越平庸。因此，当客户需求开始变化时，市场特点就会随之变化，利润区间也会随之变化。企业家必须要更新企业设计，才能让企业和这样的变动同步。

虽然大多数成功的企业创始人都为自己的利润模式设计了不同程度的新结构，然而，之前创新的成功并不意味着之后的设计也成功。企业家必须确保自己的每一步创新设计都是正确的，都要为之倾注精力和思考。

下面这些问题是企业家在进行企业设计创新时，应该考虑到的具体问题。

第一类问题——企业能够为哪些客户提供价值？相应地，哪些客户能够让企业赚钱？哪些客户无法让企业赚到平均利润？企业是否应该放弃这些客户？

第二类问题——怎样去结合客户需求来创造价值，并从这些价值中获得一部分作为利润？怎样让这样的方法模式化？

第三类问题——站在客户角度思考，为什么他们要选择本企业？本企业的价值取向和其他企业究竟有什么不同、存在哪些特点？何种战略规划和执行可以帮助本企业同竞争对手充分竞争呢？

第四类问题——本企业可以为客户提供哪些产品、服务或者是解决方案？本企业希望从事何种经营方式来产生何种作用？本企业是否会选择对这些业务进行外包、外购或者直接和其他企业进行协作。

这些问题如果能够得到良好的回答和解决，就会具有一致的思路，并且能够相互影响和解决，从而综合形成具有良好创新力的企业设计。企业家实际上通过他们的创新，完成了企业赢利模式的设计。

可以说，那些成功的企业赢利设计，就像卓越的产品设计一样重要。卓越的产品通常都是天才想象力和优越工程技术的结合体。同样，成功的企业赢利设计则是客户需求、利润来源和企业战略发展的结合。企业家自身的能力更体现在他们的战略规划能力上，他们通过不断设想原有的假

设，然后进行不断推翻，最终发掘出新可能，做出更多富含灵感的选择。

为了确保企业创新的持续性，企业的领导者必须要懂得在何时进行企业设计的调整。通常，他们应该选在市场偏好和客户需求发生变化之时进行赢利设计的调整，也就是把握住企业设计的价值开始下降之时进行创新。

正如同再好的产品也有技术上过气的那一天一样，企业赢利设计也会过时。随着市场的发展，加上市场竞争的激烈化，企业赢利设计很有可能不再带来利润而被淘汰。这意味着企业设计中利润的区域发生了转移，因此，如果企业领导者还想为企业带来利润，还想继续为股东或投资人带来价值，就必须懂得对企业赢利设计进行创新。

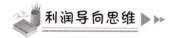

利润导向思维 ▶ ▶ ▶

企业赢利设计，意味着一家企业如何对自身进行定位，如何确定自身的经营方式，如何获得利润。领导者应该了解，一家企业的利润设计包括以下四个方面。

1. 客户选择意味着确定目标客户群

根据企业自身的情况特点，企业可以在潜在客户群体中挑选那些最适合的客户，这些客户之所以最适合，在于对客户的服务是企业最擅长的。同样，当企业面对的市场发生变动时，企业领导者也必须要及时改变自己的目标客户群体。虽然这一点对于企业和企业的领导者来说都是一种痛苦的变化，但这样的选择依然是企业的关键步骤。

2. 价值获取指向于企业如何获得回报

传统的企业获取价值是通过出售产品和提供服务，这种方式很容易导致将产品作为中心来形成利润思维。然而，在今天，企业的创新设计可以让企业获得比之前更多的赢利方式。无论是提供融资贷款，或者是提供辅助产品，或者是提供解决方案，进行价值链下游的充分合作以及特权许可经营、价值分享等，这些方式都能够被企业创新设计所吸纳，并为客户提供价值。

3. 发现问题是做好企业设计创新的前提

　企业领导者在对赢利设计进行创新的过程中，必须要多问问自己以下的问题：客户为什么应该选择购买我们的产品和服务？为什么客户必须应该做出这样的选择？实际上，为了回答好这样的问题，企业家应该找到更多的方式来观察和思考。对于追求成功的企业设计来说，想要做好创新，发现并解决问题是很重要的关键因素。

4. 业务范围是留住客户的方法

业务范围，是指公司从事怎样的经营活动，提供怎样的产品和服务。对企业进行设计，意味着对这个范围进行扩大或者缩小。而企业领导者为了做好企业设计的创新，必须要明白在业务范围上作出怎样的变化，从而留住恰当客户，带来自己的利润。

利润密码是什么

权威的研究结果为我们展现了这样一组数据：在中小型企业中，由于战略原因而最终导致失败的，只有23%；由于执行原因而导致失败的，只有28%；剩下的49%的失败企业走上绝路的原因都惊人的相似——没有找到正确的利润密码。

中小企业失败原因研究结果表

失败原因	占比（%）
由于战略原因而最终导致失败	23
由于执行原因而最终导致失败	28
由于利润原因而最终导致失败	49

什么是利润密码？

利润密码对于企业的重要性，不亚于供给线对于军队的重要性。当一个企业在完成其技术和产品的创新之后，是否能够找到自身优秀而成熟的利润密码，决定了这家企业是否能够走向成功。因此，**利润密码是企业生存、发展的决定性因素，它决定着企业的生死。**

从这个角度来看，企业对内对外的决策和资源配置必须紧紧围绕如何持续提高赢利水平而构建，如果本末倒置，企业就可能忽视利润密码，而在发展过程中倒下。

更进一步了解，我们就能发现，企业面对的问题，目前已经不仅是产品的同化、渠道的同化和营销方式的同化等，最危险的是，企业的赢利模式已经越来越接近。这种接近表现为许多企业设想的利润来源都高度相似，也意味着企业的利润密码都是雷同的。为此，企业管理者必须要改变自己习以为常的想法，重新设计企业的利润模式，掌握新的利润密码。

广东中山市圣雅伦公司，正是通过一个小小的指甲钳，找到了自己的利润密码。

1998年10月，圣雅伦公司的创始人梁伯强，从新闻报道中得到灵感，想要打造出中国乃至世界最好的指甲钳产品。为此，他专门去往韩国，偷师了一年当时世界上最先进的指甲钳生产技术。第二年，他正式成立了自己的公司。

为了打造出国产指甲钳的自有高端技术，梁伯强决定将突破点放在锋利度上。他为企业请来了全国不同领域的专家，经过技术上的创新，成功地将传统的挤压型转变成为剪切型，从而成功攻克了锋利度的技术难关。

之后，圣雅伦又碰到了新的难题。梁伯强发现，本企业的产品虽然有数百个品种，但实际上都是在生硬地模仿韩国厂家的产品，并没有自己的独特内在价值，也无法满足客户的实际需求，因此，利润并没有获得有效提高，如果再这样继续下去，企业的增长必然会走向死胡同。

怎样找到本企业的利润密码？梁伯强陷入了思考。某次，他专门来到上海的大型商场进行考察，发现一对情侣在挑选指甲钳，最终放弃了韩国产品，选择了本企业的产品。于是，他忍不住上前询问，情侣说："质量上说，圣雅伦并不比韩国产品出色许多，但是设计新颖具有时代感。"正是这一句话让梁伯强打开了利润密码的大门。他决定，要对市场进行重新分析，对企业的赢利模式进行革命。

经过市场分析，梁伯强重新将本企业的市场目标确定在白领人士、成功人士、时尚人群、团购和中高档个人护理用品市场等。根据不同用户阶层群体的需求，圣雅伦采取了不同的方法来打造产品。例如，针对年轻女性用户需求，该企业将指甲钳和化妆产品相结合；针对父母用户的需求，开发出安全的儿童专用指甲钳等。在重新选择客户、明确客户需求的基础上，圣雅伦展开了对指甲钳功能的细化和提升，开发出200多种产品，使得指甲钳从单纯的工具变成了个人护理用品。

寻找到自己的利润密码后，圣雅伦公司迅速崛起，成为了中国第一、世界第三的指甲钳品牌。

虽然企业生产的并非高技术产品，也并没有太高的竞争价格，但是，通过专业化的生产模式而找到的利润密码，一样为企业带来了丰厚的回报。这是因为，专业化生产做到一定程度，就能够向精深型生产发展，这样，竞争门槛就提高了。同时，市场打开之后，后期的维护宣传也相应减

少，成本大幅度降低，利润就会随之大幅度提高。

除了专业化生产之外，企业还能够找到更多的利润密码。这些利润密码各有不同，但对之进行确定的步骤却是有共同点的。

第一，对利润源进行重新认识和界定。

在实际经营过程中，每个企业都会有不同的利润源。利润源就是企业能够借之产生利润的因素。这些来源可能是材料和工具，也可能是生产技能或者独特理念等。

不同的利润源所能够产生的利润额是不同的。因此，对利润源进行建立和强化、创造出条件来让利润源最大化产生利润，就是每个企业掌握利润密码所必需的基础和核心。这意味着当企业领导者决定投资或管理企业的一开始，就要关注影响企业利润的因素，并在具体企业的基础上，分析这些利润源的不同作用。

第二，找准对企业有足够贡献的利润点。

利润点即企业能用来获取利润的产品或者服务。一个好的利润点能够托举起一个利润密码。好的利润点需要发现三个条件：首先，能够明确客户对产品或者服务的要求；其次，要能为客户创造价值；最后，要能为企业创造出价值。

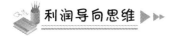

利润导向思维 ▶▶▶

可以说，在企业寻找利润密码、确定利润模式的过程中，找到利润点比起突破管理的瓶颈更加重要。这是因为完善利润模式的重要内容在于打造企业利润点，并实现客户和企业的双赢，而利润点正是客户需求和企业供给的契合点，是整个企业生存发展的基础。

1. 构建有力的利润杠杆

如果说，在利润密码中客户是利润源，产品是利润点，那么企业所作出的生产、销售和推广的一系列经营行为就是利润的杠杆。

通过打造利润杠杆，能够确保客户购买产品或服务来实现价值。运用好自身的技术和业务，企业就能将自身和客户的需求连接起来，并掌握利润密码的核心部分。这就需要企业积极打造自身品牌、打造自己的核心技术。

2. 树立安全的利润屏障

利润屏障是指企业为了预防被竞争者抢夺利润而设置的防御措施。和利润杠杆相比，利润屏障更多强调的是其防卫性，即如何确保自身已有的利润不被抢走。

需要注意到，成功掌握利润密码，需建立在行业和竞争状况的基础上。因此，根据行业特点和竞争状况，能够建立起有效的利润屏障就尤其重要。常见的利润屏障包括品牌、客户关系、专业技术、行业标准、产品创新等，利用好这些屏障因素，就能达到防护利润风险的效果。

3. 创造独特的企业利润文化

利润文化，是企业利润密码最高级的价值观体现，是企业赢利模式的整体思想基础。保持利润密码的有效性，就应该做到用企业利润文化去进行管理。当企业员工认同了这样的利润文化之后，他们就会长期投入在为企业赢利工作的过程中，而不会主动离开。

因此，企业家不仅应该重视短期内能够让企业利润上升的技术，同时也应该着力打造企业长远的思想文化，去长效地影响员工、号召员工，以便让企业的赢利模式获得更为巩固、深厚的基础。

 第二章

观念决定利润：成功经营的
利润导向思维

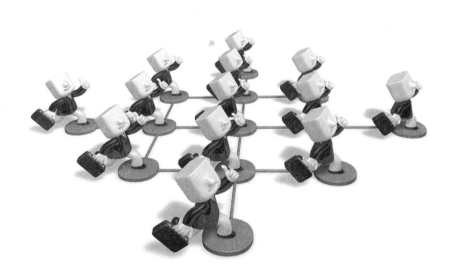

正确的经营思维才能创造高利润

在计算利润时，我们首先要弄清楚两个概念：净利润和毛利润。

首先，净利润（收益）是指在利润总额中按规定缴纳了所得税后公司的利润留成，一般也称为税后利润或净收入。

净利润的计算公式为：

$$净利润 = 利润总额 \times (1 - 所得税率)$$

$$净利润率 = (净利润 \div 主营业务收入) \times 100\%$$

净利润往往反映了一个企业的经营成果。净利润越多，表示企业的经营效益越好。反之，企业的经营效益就差。净利润是衡量企业经营效益的重要指标。

毛利润是指以货币计算的总金额，毛利润率则是一种比率，能够让企业家了解企业的赢利趋势。

$$毛利润 = 销售价格 - 原料进价 - 人工费$$

但也可以计入税收成本，或房租成本或更多。

$$毛利润率 = 毛利润 \div 销售额$$

设想这样的情境：一家企业的净利润率是6%，当企业上市之后，这个数字增加了一倍，达到近12%。同时，企业的毛利润率是35%，而成本占据了65%。那么，企业管理者如果想要提升利的空间，应该从怎样的方向进行努力？

按照传统的经验来看，大多数企业家都会选择从销售方法上进行改变，这也就意味着他们需要从35%的毛利润中去开拓利润空间。企业家会很自然地想到，可以让企业的销售额提高一倍，从而将净利润同比再增加一部分。但问题是，仅仅依靠增加的销售额去拉升净利润，并非总是能够做到。因为销售虽然是企业的命脉，但企业整体赢利模式的提升不可能仅仅依靠销售而不依靠整体的变化和设计。

除此之外，还有一个方案，就是通过对 65% 的成本进行压缩，然后挖出想要增加的利润。这种方案通常也被许多企业家所赞同，但事实上，这种方法在实际操作中很容易遇到较大的阻力。因为一旦公司选择降低成本，就会在很多方面降低企业成员的待遇，降低他们的优越感，影响他们的利益，导致各种各样的反对声音此起彼伏。

在创造高利润的目标下，企业家应该如同善于耕作的农民，在播种之后就计划去收获的时间，而遇到了问题后，也应该做到及时去解决，并防范可能的风险。在这样的过程中，**必须要懂得如何把握自己的经营管理思维**，明确怎样经营企业，选择怎样的利润空间，从而在正确的思维下分配好工作。

某家上市轮胎生产企业的领导者发现，在行业毛利润很高的情况下，自己企业的净利润却并不高，那么，净利润都到哪里去了？

老总想要和财务总监进行一番探讨。

财务总监说："老总，我在企业做得很好，这么多年，企业的财务从来没有出现过什么问题。"

老板反驳说："财务上的处理的确没什么问题，但是我发现，你是注册会计师，又作为财务总监，在岗位上待了这几年，现在连每件产品的成本都搞不清楚。是不是有什么问题？"

财务总监说："老总，我当然不可能把每件产品的成本都搞清楚。我们企业这么大，产品这么多，跟其他行业、其他企业都不一样，我不可能去精打细算地规划每件产品的成本啊。"

老板想了想，觉得财务总监说的好像也有那么些道理，于是就没有继续说下去。但直到后来，他更换了财务总监之后，新的财务总监在咨询专家的帮助下，用了一年多的时间将企业每件产品的成本都理清楚，然后进行了很好的管控，这样，企业才能实现利润翻倍的发展。

从这个案例中可以看出，对企业利润的管理并不是做不做的问题，而是是否有思维、有能力做到的问题。不少企业的领导者认为，自己的企业有了专门的注册会计师主管财务，就能管理好成本、压缩好成本，从而获得利润。但问题是，注册会计师从其定义上来说，就是对企业内部会计进行审计的员工，他们擅长做的是对财务核算进行审计管理，而不是对企业的成本利润进行管理。换言之，利用利润思维来找到利润空间，并非他们的专长。因此，单单依靠他们，也就很难实现销量、利润、成本和现金等不同方面管理的平衡，从而造成利润空间的压缩。

类似于上述企业的事情，在许多行业并不少见。这些企业的经营成本、管理成本比较高，而高成本则会导致企业组织结构、绩效管理效率的降低，更会导致企业利润的降低。身为企业最高领导者的老板并没有认识到这一点，还是在用对业务管理的方式去管理利润，结果对利润的空间没有做出正确理解。因此，对于这些企业来说，运用正确的思维去认识利润空间是很重要的。

对企业的领导重在过程，只有过程正确，才能有正确的思维结果。在引领企业的过程中，如何让企业发展得更好，领导者自身的思维至关重要，而利润空间也正是正确的思维所带来的产物。

因此，只有正确运用经营思维，正确对待财务与利润，才能开启企业提高利润的空间。

利润导向思维 ▶▶▶

从上述案例中可以反映出这样的事实——想要获得高额利润，企业家仅仅依靠人才、技术、产品，都不能完全成功。只有企业家自己拥有了正

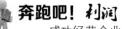
确的经营思维，才能完全围绕利润获取成功。在这样的思维体系中，下面三方面的思维显得尤其重要。

1. 双赢思维才能产生新利润

"双赢"意味着"成双"。对于客户与企业来说，应是客户先赢企业后赢；对于员工与企业来说，应是员工先赢企业后赢。

双赢思维强调的是兼顾双方的利益，即所谓的"赢者不全赢，输者不全输"。这是营销中经常用的一种理论。多数人的所谓的双赢就是大家都有好处，至少不会变得更坏。

人们常常将商场比作战场。的确，企业在商战中面临着很大的竞争压力，但这种竞争压力不应该转化为恶性竞争，更不应该损害整个行业的利益。只有采取双赢的思维，将合作提上经营者的思维中，才能获得持续的高利润。

例如，在商业代理制的一开始，从供应商到生产企业，再到分销商、代理商，乃至消费者，相互之间都是进行"零和"游戏。厂家希望供应商能够降低价格，而用户、代理商和分销商也希望上一级降低价格。在这种情况下，包括企业本身在内的每个产销环节都是独立利益体，而利益冲突会使得企业的经营管理在不同程度上陷入对抗中。

事实上，当客户为导向的观念逐渐被越来越多的人所接受，企业家应该意识到，这种相互之间对抗的思维无法产生新利润，只有通过降低系统成本、为用户创造更多价值等，才能产生更多利润，企业才能够从中分享新产生的利润。这就需要企业能够将运营的焦点放在如何利用更少成本去为客户提供更多价值上，让客户与合作伙伴都能获取利润，这样，企业自身才能获得更多的利润。反之，如果没有这样的双赢思维，就只能导致其他合作伙伴利润的降低，而这样带来的利润显然无法长久。

可以说，在传统的经营理念中，整个营销链条上的某个环节很少去主动为下一个环节创造价值，而仅仅是将自身的产品销售给下一级客户，并不考虑他们是不是需要价值，甚至会因此而导致下一级用户价值的损害。但在目前以用户为导向的时代，运用双赢理念，将能够改变这种现状，并提高利润。

2. 不要刻意在经营理念中追逐利润

日本的著名企业家稻盛和夫亲自创建出了两家世界五百强企业，而他的经营理念则是著名的利他哲学。他认为，做企业和做人一样，利己和利他是辩证统一的。所谓高尚的人，会考虑到他人利益，而克制自己。同样，企业在追求利润的过程中，也应该懂得如何去利他。

虽然追求利润是企业家的天职。但如果企业家的经营理念中只有这种用最小付出获得最大收入的元素，那么，整个企业中所有员工将会很快"学习"这一点，并会破坏到企业长远的赢利竞争力。

正如稻盛和夫所说："不要追逐利润，而要让利润跟着你跑。利润是无法追逐而来的，只有持续增加收入并减少支出，才是企业获得利润的根本途径。"

这意味着，企业领导者不应片面追求短期的利润，要懂得围绕企业长远发展做出利润的计划。例如，不应该为了短期利益就去生产大量看起来会长效的产品，结果造成产品积压、资金占用。也不应该只是为了短期的利益就去放弃职工培训、技术研究等。因为这样一来，企业很可能会在未来输掉利润。

3. 利润思维应注重其不确定性

利润对于企业无疑是重要的，但企业家关于利润的思维应当灵活而符合实际。每家企业的利润不可能完全固定。相反，虽然利润总是存在，但其必然具有不确定性。正因为利润具有这样的特点，企业中和利润有关的

一切因素都应该被观察和考虑。

例如，在案例中，企业领导者很可能忽视了企业中财务管理对于利润的重要性，结果，他原先希望专业人士的管理就能提高利润，但这显然是将利润的获取看得太过简单。相反，只有抓住不确定性，及时地从实际出发，从企业自身特点出发去找寻影响利润最大的因素，才能保证企业利润持续稳定。

减少库存积压增加现金流

经营企业，必须要确保企业能够健康安全地运转下去，这就需要企业必须获得现金流的有力支撑。同时，企业家还应该有效减少库存。做到这两方面，就能让**"钱"和"物"都活起来**，养活整个企业，并带来丰厚的利润。

具体来看，企业获取利润的正确思维模式，应该首先围绕财务开展对现金流的管理；其次，则应该做好对存货的管理。一家企业如果不能进行有效的存货管理，或者导致资金沉淀而无法流动，就会拖垮企业的经营。因此，企业领导者必须懂得分阶段管理、分类别管理的有效方法，让企业经营思维系统科学，从而增加资产赢利性。

某家食品直营零售连锁企业每年销售额 1.2 亿元左右，其毛利率在 46%，净利率为 12%，每年赢利在 1300 万元左右，股东的回报率是 40%。通过对现金积累和库存积压问题的有效关注，学会了用数字化的理念去思考利润问题，用正确的财务意识和理念去拓展利润空间。针对目前的情况，企业领导者决定通过下述两个方案提高企业的利润，争取获得更高的净利润。

第一个方案：提升产品售价。企业领导者决定在成本保持不变的情况下，提高产品的毛利率，这样预计可将销售收入提高到 6500 万元左右。

第二个方案：降低固定成本。企业领导者采取降低门面房租等一系列成本的方式，提高门店资源的利用效率。争取将净利润提升到 12% 左右。

为了更好地执行上述两个方案，企业领导者发现了经营中的另一个重要问题——现金销售、产品售价和质量的问题。这不仅在于他们在讨论方案时，从利润想到了财务，进而想到了现金流，也因为门店的经营本身就是资金循环再生的过程。在整个企业宏观和微观两方面，资金一旦出现缺口，就会导致资金循环失败，甚至可能面临失败的风险。

为此，企业领导层设定了下面三个目标。

第一个目标，努力提高现金利用质量。即通过减少门店经营面积来达成经营成本和需求之间的平衡。具体来说，即根据不同门店的经营需求，设定好门店的实际合理面积。目前，该食品连锁企业最大的单店面积将近 500 平方米，但通过研究发现，商品的分配并非需要这么大的面积，实际上造成了对现金的浪费。

第二个目标，减少资金沉淀浪费。该企业通过合同谈判或改选地址，逐步采取按月、按季度来支付租金的形式，改善之前门店租金必须要一年一付而导致资金沉淀的情况。

第三个目标，做好整个企业中库存管理的准确性。具体而言就是在每个分公司、每个门店都做好库存和销售之间的相互匹配计算，从而合理控制好库存。

通过目标的设定，该企业在经营中获得了正确的思维，从而做到了良好地管理企业现金流和存货。一年后，该企业的利润获得了迅速增长。

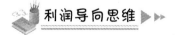

利润导向思维 ▶▶▶

上述案例中，合理的利润提升思维主要体现在了资金和存货的管理

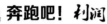
上，这也正是成熟的财务理念之所以能够带来利润翻倍的明证。

1. 盘活资金才能获得利润

对于任何一个企业来说，拥有现金都是很重要的。但仅仅是拥有现金，并不足以产生任何利润。只有让现金流动起来，积极投入到企业的经营活动中，才能给整个企业带来利润提高。更不用说，为了满足企业日常经营的实际需要，企业内部必须要预留足够现金来应付不同的需求。

正如案例中那样，采取降低经营成本、加快资金回笼速度、严格控制应收未收款项等，将会有利于对企业现金流的盘活，提高资金使用效率。

2. 解决存货问题，提高存货管理水平

存货是企业财务管理所面对的重要问题。这是因为，存货是企业的主要资产，而存货管理水平高低会直接影响企业利润管理水平的高低。

食品经营由于其特殊性，决定了产品不能过多库存，而任何企业也都会难免出现滞销积压的问题。如果食品门店的经营过程中不能避免库存不断增加，即使销量提高，其利润也很难同比增加。在产品更新速度快、季节性消费特点较为明显的前提下，如何去加快对积压产品的处理从而激活资金流通，是该企业值得思考和解决的难题。事实上，这也是更多企业需要面对的问题。

3. 企业领导者需要用正确的财务意识和理念解决存货问题

首先，存货管理离不开节点管理。顾名思义，节点管理就是用节点把每一项工作分割细化，让员工知道身处哪个节点，职责是什么，目标是什么，该怎么做。这种管理方式对提高员工素质和工作责任心有重要作用，从而实现管理流程化、标准化、规范化。而在企业经营销售中，和存货管理关系最紧密的节点有三个：订货时间、进货时间、销售时间。如果这三

个时间节点的工作不能有效地部署、安排，就会导致员工职责、目标不明晰，工作效率不高，企业的效益也就无从谈起。因此，在这三个节点上，管理者可适度安排员工展开特卖、降价、调动产品、分类促销等活动，从而降低库存和库存成本，提高利润。

其次，存货的积压时间会同管理难度直接相关。需要注意的是，不少企业的存货都是在长期经营运行中不断积累造成的。而存货距离销售期间越长，货品就越多，企业对商品管理控制的难度就越大。为了避免这样的现象不断发生，在销售期间，企业就应该及时调动产品，从而减少积压商品的种类、数量。

最后，存货总量还会影响到经营效率。任何企业的经营过程中，如果每个节点上都会产生一些存货，那么积累到最终，就会形成相当庞大的数目。因此，作为产品经营管理的重点，就应该对所有可能提高存货的节点进行控制，并进行精细化管理，从而减少存货总量、提高经营效率。

量化股东利润并用营销落实

企业经营的财务理念之所以要非常明确，尤其体现在总成本和股东回报率之间的关系上。这样的关系必须要清晰明确，方便经营管理者能够获得更大的管理自由、得到股东的关键性支持。企业实际管理者应该了解，股东最关心的问题并没有那么复杂，主要就在于现金流和维持企业经营基本费用两点，由此，他们将会了解自己从企业的利润中获得怎样的收益。

为此，**企业管理者应该将利润思维贯穿于企业经营的不同环节中，尤其重视将那些非量化的因素进行量化，进行明确公布并传递信息，从而争取到股东的支持。**这样的思维态度其实不仅仅可以指向股东，也可以指向合作者，通过向他们提供较好的经济效益来换取应有的支持。

　　某公司经营商业地产开发，其一般赢利模式是整体开发和经营。在之前的整体经营模式下，商业地产开发的主要利润来源是经营收益，通过将地产租赁给不同的商户获取租金。而在该企业的日常经营中，主要运用商场化管理同时市场化经营的理念，将商场分成不同的小块分别出租。当经营权出租之后，广告、营销、策划等其他管理权依然在企业手中。

　　随着近年来连锁超市、电子商务等方面业态的迅速发展，该企业的业务受到了一定冲击，大型百货商场的业态发展迅速，一定程度上超过了市场的实际需求，导致同业竞争加剧。这样，市场空间被进一步压缩，而该企业的经营压力也越来越大。

　　该企业的领导层经过分析发现，在企业的管理中，那些非量化的因素，对于商户的生命、长远利益都很重要。例如，商场对进驻商户的种类和品牌的选择，会影响到商场整体的定位和形象，但问题在于，优秀的商店品牌本来就是稀缺的，而在目前激烈的竞争下，商场想要找到符合标准的商户则相当困难。这造成为了获得上档次的品牌和商家，从而吸引人气，该企业不得不牺牲经济效益吸引那些大品牌进驻，但体现在利润上，却造成了股东利益的下降。

　　例如，该公司目前有一处商场，面积为8000平方米。该商场中有将近10%的商户属于核心商户。虽然没有经过量化计算，但在该公司领导看来，这些门店对于商场的经营非常重要——无论是拉动人气、营造品牌，还是起到良好的示范带动作用，都能帮助企业获得更多市场份额。但是，如果从可量化的方面来看，10%的核心商户中，不少大型商户对企业所提供的利润并不够高。

　　经过咨询专家的帮助，商场的经营管理者最终学会了怎样计算利润，并能够给出股东量化的利润收益。这就是采取测算出的"每平方米周转率"去衡量营销策划方案所获得的利润。通过采取这样的方法，经营管理者和股东在利润上的沟通变得顺畅了许多。

实际上，该企业所面临的利润思维问题主要体现在两个方面，首先是量化后的财务利润指标和非量化指标，应该采取怎样的方式进行统一；其次是商场对门店管理的营销策划和实际布局应该如何为股东带来明确收益。

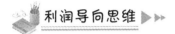

营销策划和向股东沟通，是利润思维中两个重要的环节，同时，这两个环节相互促进。科学合理的营销策划能够有力地促进企业的销售业绩，增加企业产品的卖点，并让经营者有更多底气和股东就利润进行沟通交流。同样，和股东的沟通交流也能够带来更加科学合理的营销策划。

1. 做好营销策划工作

经营者为了满足股东的不同需求，应该对自身的经营管理理念、商品结构、营销策划、销售方式等不同方面进行合理布局，并做好量化落实。例如，在该企业中，商场经营者需要做好下面因素的考虑。

首先，做好商铺结构布局方面的提升工作，尽可能去引进高端商户，从而保证和周边同类竞争者形成优势，从而吸引人气。

其次，应该形成尽可能多的品牌经营，使参与租赁的商铺之间形成有效的优势互补，在数量上能够降低整体的运营成本，并预防风险的发生。

最后，要注意财务中的分摊。企业经营的财务问题应该非常明确，其中，总成本和股东的回报率也应该得到清楚地体现。

例如，案例中的商场企业，和同行相比，营业费用的支出和营业额相对比率较高，这就意味着企业管理者应该花费更多心思去提升业绩，从而在量化指标上更能落实利润带来的收益。而对股东，企业管理者也应该引导他们去衡量营业费用的开支。如要求他们将企业最初营销策划的费用放

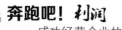

在投资中，这样，就能够在财务体系中将其放到一定年段中去分摊，股东会对经营者的压力也就会相应减轻。

2. 营销中的量化很重要

案例中的企业营销中心，商户营销布局最终的考量依据是顾客，即企业对客流量的把握。但企业更应该在非量化和量化指标中作好平衡。这是因为，企业经营者不能仅仅对整个商场的回报率进行量化，同时也要对每平方米的利润进行量化。这就需要管理者的思想不要过于僵化，而是应该从全局出发去计算，在把握整体赢利的前提下，对商家布局进行分割，从而确保数字的平均。

另外，营销中的量化还需要经营者计算好投入产出比。例如，案例中的企业，牺牲少量的租金作为代价换取大品牌入驻是可行的，但这种积累人气的过程需要尽快完成，尤其是在企业起步初期，应该尤为重视。

从日常经营管理中挤出利润

企业的日常管理一旦开始，就意味着不同决策的形成和执行。

在决策产生的过程中，领导者作为决策人，首先应该思考日常经营管理中取舍得失的问题，其次还应该思考和决策相关的资源调配问题。对这样的问题分析清楚后，决策才能更加接近实际的需要，并帮助企业家从日常管理中挤出利润。

某塑胶金属企业主要生产豆浆机、料理机、绞肉机等小家电产品，每年生产数百万台，产品远销全球，包括在欧洲、非洲和美国都有较好的市场。

2011 年上半年，该企业的产能达到了上百万，实现销售额约 2 亿元。

鉴于较好的市场销售状况，企业高层讨论：是否应该增加投入50%的产能，抑或适当对产品价格进行调整。

经过企业内部的测算之后，该企业的产品平均成本是每件60元，而作出的平均边际利润贡献为40元。另外，企业总的固定成本费用为3000万元，税前的利润为1000万元。企业如果想要在下半年成功地获得利润，更好地在市场中击败竞争对手，就需要在降价的政策基础上来进行促销。但一旦进行降价，就应该增加1倍的产能，即要实现200万元的销售量，才能确保同去年同期相同的利润。无疑，这样的方案对于企业的销售和生产部门都有着较大的压力。

但是，如果企业的产品价格向相反方向调整，上涨20%，情况就会有所不同。涨价之后，假设企业原有的产品成本不变，只需要实现66万件的产品销售，就能保证应有的利润。这意味着，涨价之后，企业肯定能保持上半年的赢利，即使流失掉原来将近33%以上的客户也能实现，但这实际上并不可能发生——涨价最多只会丢失那些对产品价格最敏感的客户。因此，在这样的情况下，对价格进行上涨调整，不仅能够保持原有的产品赢利水平，还能够使企业的利润获得更多增长。

另外，除了该企业进行的价格调整之外，为了更好地提高利润水平，还进行了对生产成本的降低，使得其中变动成本降低了2%。这是因为该企业领导在决策中考虑到，当变动费用上升后，产品所产生的边际利润就会下降，并对企业整体赢利能力产生影响。另外，还压缩了6%的固定费用、降低了一些人力成本，并对人员过多的部门实施了裁减计划。

通过这些措施，该企业有效地利用了日常管理中的决策措施，获得了更多的利润空间。

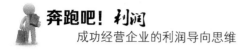

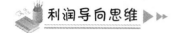 利润导向思维 ▶▶▶

总结上述案例，在经营管理过程中最具有代表性的问题包括：如何对企业经营中的成本进行控制和改善，并采取怎样的措施予以实施；如何对企业管理中的人员管理失控或者资源分配失调问题进行解决等。

1. 改善管理从改变思想做起

从案例中可以发现，想要提高该企业的利润，应该将不同方面的问题都进行有效解决。既要对企业的物流环节、采购环节进行改革调整，也需要降低产品成本、提高企业议价能力。这样，企业就能减少存货，提高赢利。

想要实现这一切变化，企业老总们必须要学会改变下属的思想。在实际工作中，企业的财务总监和各部门经理尤其需要改变思想，才能适应和跟从老板对企业经营管理的改革。这是因为，对企业经营管理的改革，意味着他们工作量的加大，同时，从经营成本中掏出更多利润，也意味着管理难度的加大。但老总们应该明白，所有获取利润努力的成功，其开头都是管理上的麻烦，老板自己一定要坚持信念，才能将管理理念坚持贯彻下去。

因此，在着手对企业管理经营进行改革的过程中，老板应该正确对待其中的三种人：第一种人，对企业的经营改革坚决执行，属于支持者，这种人应该被重视，并邀请他们参与讨论，制定出新的经营方针；第二种人，对企业的经营改革有所等待，希望能跟随大趋势，对于这种人老板应该充分争取，让他们理解新决策能够带来的切身好处；第三种人，是对企业的任何变革都予以反对的，对于这种人的意见可以暂时不予听从，这样，反对者的声音就会逐渐消失。

2. 规范支出，降低变动成本

对企业经营管理的改革，离不开对成本的降低。案例中，想要让企业变动费用降低的决策预想是正确的，这要求企业的各项支出一定要区分得更加明晰，并能够重新在企业财务中得到体现。当具体的变动费用项目区分得越来越细致时，管理过程就会越来越受到掌控，当变动费用落实分解到不同职能部门时，就能清楚地发现金钱是否花在了应有的成本上。

为了做好对成本的精细化管理，支出部分的消耗和浪费一定要严格区分。其中，经营的成本消耗管理，是指对企业供应商的管理水平、对企业自身采购过程的管理水平；而在浪费部分，应该加强企业内控管理水平，将生产部分的责任和采购部分的责任予以分割，这样就能保证成本花在刀刃上。例如，应该对企业原材料采购成本进行再分析，确保能够用最高的性价比购买到好东西；又如，企业应该有着更好的议价能力、更好的采购方式，以打造出更高效的生产过程。

上述对成本进行控制的原则，可以归纳为：尽可能将成本投入在直接的生产经营过程中，减少对间接成本的支出。

3. 合理调配，降低固定费用

不少企业之所以利润不高，在于其企业资产的周转率与使用率都很低。企业老板不妨安排专门人手，去对企业中单个产品生产所用时间、生产速度以及生产过程中所消耗的时间进行测算，这样，就能找到解决问题的方向，从而对生产资源进行合理调配并降低固定成本。

另外，对人员进行及时调整也很有必要。企业应该有明确的减少间接员工成本的目标，并能够及时将这样的目标分配到不同部门，从而给予这些部门员工适当的压力，使得企业内部充满竞争力，同时也能减少成本支出。当然，想要做好这一点，也需要注意到实际生产过程中不同部门的生

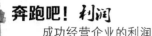

产规划，调整安排好员工，为企业长远发展作准备。

销量提升的同时资金链不能断

任何企业想要做大做强，不能仅仅将目标放在追求利润这样简单的层面。如果企业经营者稍加分析就能发现，企业做大做强的途径不外乎两条：或者成为客户成本的重要组成部分，即当客户购买你的产品时，可以明显感觉到成本能得到有效减少；又或者能成为客户价值的相关部分，即你可以在销售产品过程中，为客户创造出重要价值，这样，购买者成为商业伙伴，和你共享的利润空间就能扩大。

无论上述何种途径，都需要企业家**注意维护企业资金链条，即使企业销量提升、看上去一片繁荣，也不应该导致资金链断裂。**

某公司经营办公、文具、日用品和礼品的批发和零售，以批发为主导，长期和不少大型的企业事业单位保持良好的合作关系。目前，该企业年销售额在1亿元左右，净利润7%，股东的回报率是28%。

目前，在产品销售量方面，该公司已经形成了固定的营销模式，看起来只要对这个模式进行不断的复制扩大就可以提高销售量，老总对此并不担心。他真正担心的是企业在资金方面表现的不足，正是因为企业在资金上并不宽裕，因此，短期内企业的销量不敢提升太快。

虽然从该企业近两年的销售数据统计来看，每当企业的产品销售量提升16%～19%时，利润就会高达70%左右。但即使销量提升对利润有较高回报率，出于对企业资金链的担心，该企业的股东一直反对大幅度提升产品销售量。

在咨询专家的帮助下，该企业选择了下面的方案来解决存在的问题。

首先是在产品组合、竞争规模方面。由于传统办公用品、文具等产品在技术含量上较低，竞争几乎没有门槛，因此，同行业中其他竞争者的变动经常导致产品被迫降价，并由此导致企业现金流减少。为此，企业决定扩展产品的组合，从传统的文具、纸张、办公用品、办公设备扩大到电脑、电器、摄影、复印器材等，这样，公司提供产品的深度和广度已经能击败一般的竞争者，从而形成规模优势，赚取更多现金。

在产品的定价方面，企业所处行业虽然缺乏太高的技术含量，但企业同样需要打造出竞争门槛来确保获得更多现金。这样的竞争门槛被定位在系统采购上。根据现实情况来看，该企业的主要客户是企事业单位集体购买，这种团购的交易量比较大、购买周期比较长，并且能习惯集中在购买固定厂家产品上。利用这样的特点，该企业集中为那些支付速度较快的大型客户提供更多、更好的产品和更为优势的服务，形成对其他竞争者的品牌障碍，将这些优质大型客户变成现金的来源。

除此之外，该企业还及时调整了对供应商的选择。在调整之后，该企业有20%的产品用来跑量，通过跑量，吸引了一批价格较好、服务较快的供应商，并得到了可靠的出货保证，在无形中弥补了企业现金不足的问题。同时，为了进一步吸引优质供应商，其他的产品也尽可能向优质供应商集中采购，并通过集中采购压低采购价格、压缩成本并获得现金来源。

利润导向思维 ▶▶▶

案例中这家企业所面临的问题，主要涉及两方面内容：首先是企业缺乏资金和企业规模扩张之间的矛盾如何解决的问题；其次是企业应该如何借助资金来提升市场竞争力。

1. 通过筛选客户提升资金积累

想要获得更多现金，企业必须重视对客户的筛选。通过有效分析计

算，筛选检查出那些对企业现金流量影响较大的客户，然后予以重视。

例如，一些企业面临大量的政府、银行采购，假设这种情况下企业资金流动性在两个月左右，而考虑到给供应商付款的期限是一个月，这样，类似的采购做得越多，企业资金就会被压得越多。因此，对于这样的客户要适可而止地发展，不应该进行过于迅速的大量扩张。相反，应该集中扩展那些能做且迅速结账的客户。

2. 提升对客户的服务能力

不少企业家总在疑惑自己的企业在资金上为什么无法做大，其原因离不开企业对客户的服务能力，也包括企业自身的能力。举例来说，客户之所以不买你的产品，有可能是因为产品价格较高，而其背后原因则是企业采购能力较差。

另外，企业应该去找更多的客户，开发不同规模、不同特点的客户，一方面，对其中主力客户的关系进行重点维持；另一方面，应该对未来能够成为重点客户的客户保持应有联系，并主动进行下一步开发。

虽然企业提升自己的服务能力会有着较大压力，但这种提升能够强化企业未来的发展，并对企业的现金获取能力有着越来越好的塑造。

3. 学会合理区分客户

企业家必须要学会合理区分客户，对于那些贡献资金最多的客户，企业应该通过不同形式，和他们保持良好关系。企业应该将营销工作放在客户分析的基础上，做到有的放矢，从而能够集中自身的有限资源，从最容易提供价值的客户手中获得最大的现实收益。

开辟新利润源

思路决定出路，企业家想要认清形势，就应当深耕细作。这意味着企业家不能满足于现有的赢利模式，而是应当在市场中广泛寻找、反复挖掘，最终开辟出新的利润源。许多实践中成功的案例说明，能够在市场中开辟出新的利润源头，才是企业未来利润增长发展的必由之路。

这是因为，企业想要实现更高利润，就应该从更加细分的市场进行切入经营，并不断地通过整合，对自身的特色产品和服务进行完善，在新领域打造出自己的专业产品，并选择专门的客户做专项合作，这样才能**让新的利润源头被你所独占且实现高额利润**。

某老总所经营的公司正在经历这样的变化。

该公司生产管材管件，主要产品包括排水管、给水管、燃气管、电气电缆等不同的管材管件，主营产品包括：空调管、排水管和燃气管。其中，空调管提供给一般的空调安装经营者，排水管提供给自来水公司，而燃气管则供应于大型燃气公司。在这三种利润模式中，燃气公司客户又占据了重要的贡献比例。

2011 年，该公司实现销售收入 3000 万元左右，其中毛利率达到 20%，而当年 7 月对企业的设备进行更新改造之后，年产值更是达到 1 亿件。这样，企业就面临着如何去应对产值扩大来提高净利润的困难。

为了解决这个问题，企业在年底对产品价格作出调整，决定在原有价格的基础上提高 5%。结果，企业高层发现报价提高之后，对价格较为关注的低端客户几乎全部停止了购买企业产品，而公司营销团队对于高端客户的关系维护也岌岌可危。这种困境直接导致了销售量的下降，进而导致企业现金流的收缩。仅仅是 2012 年，公司就有数千万元的应收账款无法

回收。

为了改变这样的销售困局，公司专门咨询了相关专家，并得到了下面的解决方案：

首先，公司应该恢复原有针对低端客户需求的低价位，并确保低端产品的销售量。鉴于公司原本在产品销售方面的主打特点就是服务，其服务质量相对较好，因此，使高端客户进一步感受到服务，才能获得他们的认可。通过这两个方面的工作，稳定了企业原有的利润源头。

其次，积极开拓企业新的利润源头。该企业原有的产品销售方式是以直销为主，大多数产品都通过这样的方式销售给了大型燃气公司、自来水公司、安装公司等。但问题是，在应收账款管理上，大客户的应收账期过长的缺点就会体现出来。而在咨询师的建议下，该企业决定，将一部分经营负担转嫁给他人承担，选择寻找中间经销商的方式，通过销售的方式，提前收回部分应收账款，这样实际上等于获取了新的利润源头。

通过上述方式，该企业逐步解决了目前利润源头单一的问题，重新走上赢利的正轨。

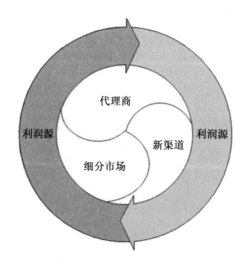

 **利润导向思维** ▶▶▶

1. 新的利润源头，应当考虑代理商

想要开发新的利润源头，就应当考虑采取新的获利方式。对于企业而言，在具体的营销过程中究竟采用直销还是代理销售方式？作出选择的具体依据，在于衡量其中何种方式更容易对客户做好服务工作，何种方式能够让企业用最低的成本留住顾客。

例如，在生产企业中，如果选择做直销，利润来源方式就会相对单一。虽然直销方式能够让企业获得所有利润，但同时，经营中所有的风险负担也转嫁到企业自身，这两者是必然会同时出现的。对此，企业应该采取统一标准，去衡量究竟是直销更容易服务客户、留住客户，还是代理销售更容易。事实上，很多实践经验表明，生产型企业做直销经营者，负担会相对沉重。而如果采取代理经销形式，有可能产生更大销量，使得企业资金流动性更好，这才应该是企业扩大利润获取途径的最佳方式。

遗憾的是，不少企业只看到直销形式的方便和独大，但却没有意识到代理商在帮助企业解决问题时所能产生的重要作用——代理商更善于把握市场的变化趋势，能够更好地为客户提供服务和支持。因此，让代理公司介入企业的营销渠道，不仅能够帮助企业消化一些资金压力，还能够让企业获得更多原本无法发现的利润渠道。

2. 转变思维，用产品开拓利润新渠道

如果对企业的客户群体进行分析，通常，成熟一点的企业都拥有着高端和低端的不同客户。以案例中的企业为模型分析，他们将三种主要的产品分别销售给燃气公司、供水公司和安装公司，按照当前的经济形势发展，燃气行业正对于高速发展的时期，如果该企业能够及时提升自己的产

品技术开发能力，就能够将企业未来的发展集中在大型燃气公司这样的高端客户身上，让企业获得更好的发展。

推而广之，其他企业也可以通过对高端客户的进一步细化和开拓，挖掘出更多的利润新渠道。虽然新产品的研发和生产需要更多的专业投入和更好的技术，但实际上，对生产思维进行转变、对技术进行开发并没有企业家原先所设想的那么困难。只要在做新产品的研发设计时，能够明确未来的目标客户，能够在应有的时期内保持独特竞争优势，再加上一定的差异化优势，就能够让新产品针对高端客户，成为企业新的利润渠道。

因此，除了少数高科技行业领域之外，一般企业在短期内都可以根据特定的高端客户，对产品进行稍微的技术改进，就可以实现针对性的开发。即使企业本身技术研发能力较低，也可以通过对市场的调查进行学习乃至仿制，这样就能够打开对高端客户的供应渠道，而迅速开拓企业的利润渠道。

另外，企业如果能够做到充分地进行创新研发生产，且能够在不同档次的客户之间都进行分别专供的对应生产服务，这样，就会有越来越多的利润渠道。

3. 从细分客户到细分市场，从而细分利润渠道

很多中小企业在利润渠道管理方面存在着"小而全"的通病，始终处在这种阶段的企业，将难以取得长足的发展。相反，企业如果想要在行业领域中作出自己的特色，就必须要将自己的市场和其他竞争者的市场进行严谨的区分，从而细化市场经营，加大经营差异化。

当一个企业形成了自己的竞争优势之后，就能够在其所处的行业范围中占据应有的市场份额。即便是小企业，也能通过这样的方法，找准自身定位，形成充分的竞争力，从而获得更多利润。这样，企业未来的发展才能长远。

利润可以来得更快些

在经营过程中，企业家都希望利润可以来得更快一些。想要获得这样的成果，一定要确保企业的利润来源明确稳定。企业家往往容易在市场策划、具体赢利两者之间犹豫不决，在经营思路和赢利模式上比较模糊，不知道该如何进行改善，甚至不知道究竟要去赚谁的钱、选择哪个方向才能更快赚钱。其实，这本身是**赢利模式的问题**，需要对企业未来的能力发展和利润点有着明确的关注，这样，企业的利润才能够来得更快。

某家经营中小学课外培训课程的机构，主要面向中小学生教授基础课程，包括中小学升学考试的内容、信息教育等。目前，该机构经营良好，毛利率为40%，销售利润率为25%，资产周转率是1.72%。

由于目前市场上有关中小学的培训机构品牌众多，在这个行业中，该机构经营三年来，并没有形成什么具有绝对优势的品牌，基本上是依靠单一的产品竞争优势来获取利润。

例如，在某一项课程中，该机构依靠数学、英语等单项产品中优秀的能力作为相对的竞争优势，获得整个培训市场中的份额。结果，正是因为这种原因，导致某种单向的产品带来了较高营业额的同时，却也付出了支付给优秀老师更多的成本支出、场地费用等代价。同时，整个企业的产品销售被限制在一定的范围内，难以突破瓶颈，导致利润率较低。

如何加快获取利润的速度？该机构领导者经过讨论，决定采用下面的办法。

首先，该机构通过课程开发来改变产品，通过培训的课程向综合化和精细化两方面进行发展，尽可能地去更多覆盖所有适合中小学生的课程，并在不同的学科教学中形成独特而系统的课程体系。例如，开设了新的

"一对一"教学课程，能够让顾客在短时间内看到教学的效果，感觉实用，并因此而选择长期购买该服务。

其次，该机构还采取对教学过程公开化的方法，将每个学生在学习中的每个环节都及时进行跟踪，并同步通知家长。这样，用户就能及时了解到服务情况，也能够参与到整体服务过程中来，机构就能够用更加专业和细致的服务态度来提高服务并扩大品牌的影响力。

通过这些方法，该机构逐步解决了究竟是发展品牌还是打造质量的问题，转而将注意力集中到对赢利模式的打造上。一年后，该机构的利润获得了较快增长。

利润导向思维 ▶▶

分析该案例可以看出，当不少企业发展到一定程度后，就会在经营思考过程中产生一些模糊认识，即不知道如何对赢利模式进行改善，也就难以明确企业未来的利润点。这直接导致企业家不知道怎样加快赢利。

如果企业家对自身赢利模式缺少非常明晰的定位，就会导致企业中的下属员工产生较大的压力。而想要让员工们在这样激烈的竞争面前从容不迫，能够参与到企业的长远持续发展中，就必须思考企业如何去迅速获得利润。

1. 更快赢利需要扩大销售基数

想要提高销售的利润，就必须首先做到扩大销售基数，即能够提高企业的销售收入。案例中的机构是做课程培训的，那么，不论是在同一个学生那里增加更多的产品服务，还是提高某个单一产品服务的销售密度，都能够紧密结合去进行操作。更为合理的办法则是集中注意力在其中某个目标上，做到迅速增长、稳定赢利。

2. 对客户消费速度进行分类

想要提高销售利润，就必须要做到基于客户的消费速度进行分类，并积极主动地筛选。例如，明确哪些客户会来参加培训课程，哪些客户不会参加培训课程，哪些客户会因为消费价格而考虑购买速度，哪些客户不会考虑这些因素。有了对客户这样的分类，就能避免同质化的服务带来的同质化竞争，进而打造出品牌的差异化，使得自己的特色服务发展下去的同时，还能加快利润的累计速度。

3. 明确企业的利润点

在企业的经营中，企业领导必须要明确利润点。一般来说，企业不适合同时将营销重点放在不同层次的客户上，而是应该选择其中的一个层次作为重点。而想要挑选出正确的客户对象来实现利润点，就需要明确企业自身的能力和特点更适合哪种利润的方式。通过这样的办法，企业的利润才会到来得更快。

第三章

发现利润区：影响利润的关键因素

从利润导向思维出发，探索利润空间

必须承认的是，近年来中国经济迅速发展的同时，一些中小企业的发展道路却并不好走。曾几何时，全球化的发挥迅速，使得中国获得了大量的转移订单，这些订单使不少中国企业获得了迅速的发展，同时，中国企业还凭借着资源上的成本优势而获得了相对的竞争优势。可以说，这两个因素，是当时不少中小企业迅速崛起的关键。

然而，近年来，新一轮的金融危机引发了全球经济震荡，不少企业在这样的大背景下陷入了危机当中，其中不少企业还倒闭了。冷静地看，这些企业之所以出现困境，并非因为最后一根稻草压垮了他们，而是企业长期积累的问题所导致。

从表面上看，那些被压垮的企业虽然有不同的原因，但总体上有下面三个明显的共同特点：①长期经营中出现问题，赢利能力较为低下，用不断地规模扩张来掩盖经营的发展缓慢；②产品单一化，落后于市场需求的发展；③客户单一化，尤其是那些纯出口的企业，在经济形势发生变化时，往往首当其冲。

为什么会发生这样的情况，其背后当然有着种种主客观原因。但不能不说其中最重要的一点，就是中国企业过多追求过程和规模、过多注重市场份额和显性成本，却在很大层面上忽视了对企业利润直接提升的重要意义。结果，企业的资产利用率普遍不高，而赢利水平甚至不到国外企业的1/3，加上经营成本、融资成本偏大，库存和资金沉淀偏大、管理粗放等，导致企业的利润不断失血，难以弥补。

除此之外，在曾经的一段时期内，利润导向的概念并没有引起人们的充分认识，甚至被看作企业盲目追求短期效益的代名词。不少国内企业将利润导向和企业的长远发展及战略经营对立起来，甚至将利润导向和唯利

是图、诚信缺失等相挂钩。**这样的利润导向思维，当然不能帮助企业获得更大的利润空间，相反，会让企业变得外强中干乃至关门大吉。**

其实，从亚当·斯密的古典经济学时期以来，企业就从来没有和利润失去联系。企业利润最大化，理所应当是企业的最终目标。而在实际经营中，想要做好企业，保证企业的持续发展，也同样不能离开利润来奢谈经营管理。因此，企业家必须要从利润导向思维出发来探索利润空间。

由于从计划经济乃至民族文化中沿袭下来的思维模式，直到今天，还有不少企业家自觉或不自觉地将规模、份额看作考核企业业绩的重要导向。虽然销售额、市场份额对于企业是重要的，但企业更应该重视利润。

当韦尔奇在雷吉·琼斯之后，成为美国通用电气公司的下一任领导者时，他并没有满足于通用已经成为世界第一的规模和份额，而是奉行"第一第二"的原则，对通用电气看起来巨大的规模和份额进行手术，创造了美国大型企业的先例。在这样的过程中，韦尔奇不断号召通用电气的全体员工向小公司、小杂货店乃至小商小贩学习，就是要让所有人的想法都能够统一到利润导向上来——重新回到商业公司对利润和利润贡献率的追求上。

经过这样的变革，韦尔奇才能够成为传奇领导者，今天的通用电气才始终强大如斯。

通过利润导向的思维，企业至少能从这样的领导中获得如下好处。

首先，能够培养全体员工对利润的敏感性，保证企业即使陷入经营环境不佳的困境中，也能够始终保持积极良好的工作效率，同时这种敏感性也将会使得企业和员工都有相当的受益。这是因为对利润的导向，起码能够让基层员工的工作更加有指导性、受到更多的鞭策，能够给出更多的警惕和责任心。

其次，在利润导向的引导下，企业将不仅仅只是盲目地追求销量、签单量，而是会强化不同业务部门的专业性，从而做到权责分明和赏罚清晰。

最后，在经营过程中，利润导向还能帮助企业领导者很好地处理业务增长和利润两个关键目标的关系。这两个战略目标时而互补、时而竞争。当掌握了利润导向的战略思维之后，企业需要通过自身的市场行为，去发掘潜在市场和客户的新需求。这样，企业才能不断发展，而并非偏重于单纯的业务增长。进一步来看，利润目标和增长目标可以实现兼容，在实际的经营决策中，这种协调和兼容就更加重要。对于企业领导者来说，具备了良好的利润导向思维，就能够让两者不断呈螺旋形上升互动。伴随一定的市场份额、业务规模之后，再获得巩固基础上的上升利润；随后，业务增长和利润业绩相互竞争攀高，并获得对企业的持续推动力。

总之，企业领导者有必要从全局角度去重新看待企业对利润的战略和策略，想要让企业获得更长远发展，企业家必须要具备利润导向思维。

利润导向思维 ▶▶▶

具备利润导向思维，要求企业家能够让企业获得健康的目标。这一目标就是利润。因此，企业家在制定发展战略过程中，必须将利润看作核心目标，这样，决策就会变得简单，而利润空间也会得到扩大。

1. 核心业务要专一

每个企业都有自身的特点，在开拓利润空间的过程中，性价比最优的增长模式是不断去发挥自身特点，不偏离自己的核心业务，而不是盲目扩大自己的核心业务。如果企业抛开自己的核心业务而去搞多元化的经营，就很可能掉入陷阱，从而失去以利润为导向的发展战略。这是因为在盲目

追求业务扩大的过程中，企业所花费的成本和承担的风险都很大，并面临更多企业的竞争。

2. 品牌价值和组织管理带来利润提升

以利润为导向的战略，应该是对品牌价值和组织管理的兼顾。对于那些赢利能力不佳的业务部分，一定要做到及时收缩删减，而不要被表面上的规模扩大所误导。同样，组织的精益化管理，也要求企业在考虑经营过程中的规模、任务、培训、管理和考核等诸多方面的管理时，以追求利润为目标。

认识到上述问题，企业组织领导者才能明白，组织并非越大越好、销售并非越多越好、考核也并非越精细就越好。这是因为，任何品牌价值、组织管理都需要有一定的成本，企业领导者只有计算好投入和产出的比例，才能做到利润总体的提升。

根据现有现金流状况作出改善

在企业整体利润导向的思维运作下，企业家必须认识到，想要让企业整体运作良好，必须要找到好的赢利模式。不论是何种行业中的优秀企业，只有在其商业模式中的某个环节做得出色，就能形成自身的核心竞争优势。其中，**关于现有现金流状况的环节得到良好改善，是企业提升利润的重点。**

想要对现金流状况作出应有的改善，必须考虑下面的问题：企业内销售所得到的资金是否被全部回收了；企业资金究竟在哪些地方被占用了；企业资金安排的是否合理。只有解决好这些问题，企业家才能够改善现金流状况。

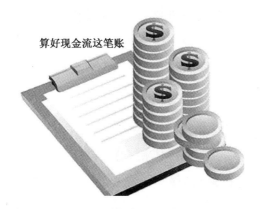

算好现金流这笔账

　　某家肉类食品公司，成立已经有二十多年，专门从事肉类、鱼类等休闲食品的生产和销售。公司将质量看作生存的保障、将创新当作发展的基础，不断研讨引进新技术、开发新产品，获得了不少市场荣誉。

　　目前，该企业的经营模式中现金使用的策略，可以从以下三个方面进行表述：

　　首先，价值链的定位模式。该企业所处行业的利润率高低，取决于企业规模大小、管理水平和产品的档次。同时，由于该行业的特点，总的生产营销时间链很长，该企业领导者决定就此在产品的深加工项目上进行拓展。目前，该企业在传统采购链条上有一定的优势，在加工配方上也具备竞争优势。在认识到这些优势之后，通过对价值链利润区的判断、对上下游价值链的分析评价，企业决心拓展利润区域，针对主要利润区域进行价值链条的重新设计组织，将主要的现金资源用在最赚钱的加工环节上，提高对现金的使用效果，实现利润最大化。

　　其次，周期利润模式。由于禽畜的生长周期存在差别，导致供应和需求两头高的关系时刻处于动态变化中，并影响到企业的现金分配，对企业的利润产生较大影响。当然，除了对生长周期的影响需要专门考虑之外，其他因素也需要企业领导者更多地关注。例如，在每年暑假结束后，农牧民会选择销售牲畜并获得现金来支付子女费用，此时，对企业的资金需求

就比较大，而牛肉产品的供应价格会较低；反之，在秋冬季节，同样的牛肉就会显得很紧俏，市场价格则会上升。为此，该企业结合产品价格波动的特点，做好现金储备和运用工作，并结合现金运用的策略影响企业整体的经营决策。例如，在淡季选择将猪肉、牛肉转为深加工处理为肉松等产品，而在旺季则直接销售以便加快资金回笼。

最后，区域使用现金模式。目前，该行业中的加工企业几乎都是用品牌来竞争，由于这些企业大多是同时间段成立，很自然地形成了全国范围内不同的区域领衔模式。由于该企业是江浙地区的行业领头军，最关注的就是在地区市场中做强，因此，在这一地区采取了大量现金加速流转的经营模式，从而获得地区最大的利润，为企业带来最大的贡献度。

实际上，企业曾经采取"点对点"的经营战术，在全国其他城市，包括成都、贵州和东北地区，建立相应的品牌区域市场，并在现金资源上给予倾斜，力图汇集不同地区市场的领先优势。但是，随着企业发展，这种方案被否决了，企业高层决定还是将资金运用于最重要的地区，通过地区积累而成长为全国行业的领头羊。

利润导向思维 ▶▶▶

上述案例表明，在探索利润空间的过程中，资金管理是很重要的。只有管理好资金，才能让企业上下牢固把握住利润的导向，获得丰厚的利润回报。

1. 资金流失说明管理不到位

不少企业领导者总是抱怨企业资金不够，但他们却并没有想到资金具体是怎样流失的。正如案例中这家企业原来的方案中，在确定了高利润空间价值链条和区域重点优势的方案之后，企业的确从产品销售中赚到不少钱，并拥有了较多现金。但是，该企业没有完全坚守住这样的方案，反而在成都、贵州、东北等地区开始扩充销售区域，希望通过这样的扩充来获得更大的影响力，达成全国性的品牌规模。然而，该企业很快意识到，销售区域扩大得越快，企业对于现金的需求就越多，而这样的需求并不是很容易就能获得满足的，这样，现金就等同于流失了。

2. 现金被不当占用

和这种情况类似的是被销售和生产所占用的现金。在许多企业，业务员过于看重销售量的上升，这导致很多销售量都是通过打折手段实现的，而一旦打折促销情况出现，就会导致企业花费的促销成本所占比重越来越大，而占用的现金也越来越多。另外，如同案例中的企业一样，许多企业都希望能用不断推出的新产品去吸引销售商和终端客户，而这也的确是销售商和客户所喜欢的。但企业在研发新产品的过程中，运用了企业的研发技术能力，也耗费了成本，导致大量的现金被用在包装费用、研发费用和生产成本费用等方面。

3. 用好现金流，拯救利润

针对上述问题，企业应该在利润导向的方向下，从赢利模式出发，明确企业利润来源，锁定企业的重点市场。

在现实经营中，虽然不少企业在较多的市场中取得了不错的业绩。但问题是，任何一家企业都必然会有其不足的区域、渠道，因此在进行市场运作时，要学会找准竞争对手的短板来使用现金，做到有的放矢。企业需要根据自身的独特优势，通过对现金的运用来分割市场，并获得最大的收益。

另外，提高资产的产能利用率也是用好现金拯救利润的重要方法。为了迎合销售的需求，企业不断扩大生产，而产能利用率则无法释放。这

样，更多的现金成本投入到固定资产中，会将企业的利润拉低。为了解决这样的问题，企业应该对生产线和产能进行整合，利用好关键设备，然后将剩余产能进行出租或者进行代工，从而提高资产产能利用率，尽快回收资金，从而在一定程度上提升利润。

总之，以利润为导向的赢利模式，是企业整体运作良好的结果。而在这样的良好运作中，与现金有关的环节必须要做得更加出色，才能让企业突出自己的实力，并创造应有的高赢利。

应收账款是否到账

近年来，许多企业应收账款的问题变得越来越突出，严重影响到企业资金的周转，同时导致了企业经营风险的加大。

应收账款，是企业经营中一个难以回避的话题。**这不仅是因为应收账款有着现实中操作的复杂性和困难性，也是客户将经营风险转嫁到企业身上的具体载体。**

一般来说，企业之所以面临应收账款的风险，其原因有以下几个：首先是以欠款作为条件而形成的成交；其次是以优惠作为诱饵而推进的销售；最后是因对应收款缺乏管理导致的欠款。无论是怎样的具体原因，当企业从客户手中接下这样的"烫手山芋"之后，他们需要管理好应收账款的问题，并促进利润增长。

某家女装销售企业，以经营时尚女装、品牌女装等产品为主，在市场上销售状况良好，随着企业和多家零售商、代理商建立的长期合作关系，应收款项方面出现的问题日益凸显。

绑架这家企业利润的，正是每个部门的部门经理。原因在于，女装销售讲究时效性的经营，在不断快速进行的商品交易中，企业想要通过扩大销售来增强自身利润获取能力，就不得不采用赊销的方式去获得更多客户的订单。结果，在这种经营模式下，企业中不同的部门经理都将客户的要求作为借口，不断地找企业领导审批那些应收账款。而且几乎每个部门经理都强调，如果公司不允许欠款发货，那么客户就无法提货，这样，生产出来的产品就会不断积压，而面临产品会更加不值钱的后果。

为了应对这样的情况，该企业老板制定并实施了一系列的财务规章制度，例如，要求在企业内部管理过程中，一旦发生欠款发货的情况，就要处罚相关责任人等。然而，这样的处罚条款并没有起到作用，因为欠款发货实际上已经成了普遍的现象，处罚金额又太大，导致相关措施在企业的实际运行中缺少实际可行性。

经过积极请教咨询专家，该企业决定，从选择客户开始，减少欠款程度。例如，在经营活动中，选择那些资金充裕的客户作为产品的代理商，并指导他们进行销售，让代理商能够和企业共同成长。这样，对企业的应收账款制度就有了严格的执行。

另外，该企业管理者认识到，在财务上也可以对客户做出评价。虽然企业不能完全保证客户不欠款，但还是可以通过对客户进行筛选来决定哪些客户可以欠款，这就需要企业能够对客户进行详细的信用评价，并进行适当的过程控制。为此，该企业领导者要求下属作出客户价值赢利表，并对客户的销量、销售额进行统计，这样，对客户的情况就有了把握，采取不同策略来应对不同客户的欠款。

经过上述方法的改变调整，该企业的应收欠款问题逐步得到了有效遏制，并朝向最终解决迈出了坚实步伐。

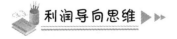

利润导向思维 ▶▶▶

想要解决企业应收账款的问题，不能仅仅依靠企业管理者的空喊，而

要采取实际行动去对企业内部进行管理，将财务问题、销售问题和欠款问题进行综合思考。

在解决欠款问题时，企业领导者应该看到，财务和销售问题的连接点，在于应收账款。企业中之所以发生欠款问题，还是因为应收账款的数量在不断增加，这就说明，企业的销售行为产生了偏差，甚至在于根本上就产生了错误的销售方式。当这种方式上的问题无法解决时，仅仅依靠财务或者销售部门的力量自然很难解决，而要依靠综合的协调力量予以解决。

1. 改变经营观念应对欠款

欠款问题并非销售事后发生的结果，而是销售过程乃至销售事前所产生的结果。例如，一些企业想要进行产品促销，很可能会实现允许欠款，这样，销售本身的手段和目的造成矛盾。这种矛盾虽然被大多数企业意识到，但实际工作人员乃至老板本人，还是会采取这种销售方式来增加销量。

既然企业总是需要面对应收账款的问题，怎样降低应收账款在整体销售收入中的比例，也就相应地成了企业管理者所必须要面对的问题。为了改变这种状况，企业的经营管理者必须要对管理意识进行改变，树立全体员工对应收账款的成本观念和风险意识，并采取积极的防范措施，加强对所有拖欠货款的管理。

2. 从代理销售角度进行控制

为了帮助产品代理商实现销售成果，企业经常允诺给他们一定的欠款优惠。这样，将库存商品先转移到代理商手中，允许他们在实现销售之后，再归还欠款。这种做法实际上在企业中相当普遍。然而，这并不是企业实现利润的重要渠道。因为，在渠道优惠的政策下，许多代理商的积极性虽被调动起来，表面上进货的时间也缩短了，但是，在繁荣背后，也有着巨大的风险。如果产品缺乏市场需求，代理商会很有可能积压产品，这会反过来加剧代理商回款的风险，导致其还款不积极，增加企业的应收账款风险。

3. 对客户选择的角度

企业对客户的选择角度也很重要。正如案例中的企业一样，在经营活动中，企业应该调整好对客户选择的角度，对供应商或者客户进行严格的管理。只有做到良好地管理，才能让企业顺利成长，获得进步。

4. 设计好奖惩制度

之所以案例中企业的奖惩制度没有起到充分作用，在于其制度设计初期就缺乏严格有序的分类，缺乏对过程的监管。不妨在销售工作开始之前，就建立起企业的管理报表，以防被财务状况所困扰。通过这样的方法，还可以学习建立起企业内部的管理资料，以此来推进企业不同层面的员工对于应收账款问题解决的积极性。

当然，企业管理者最需要注意的是，应收账款是客户带来的风险。为了控制好这样的风险，企业管理者必须要做出总资金额度的规划，计算企业资金的周转，并将现金分为两个部分：一部分是正常经营活动所需要的资金，另一部分则是企业为了促进销售所需要的成本开支。这样，企业就能够不受到应收款项的干扰，而让企业拥有更多获取利润的能力。

现在开始盘活你的资产

当企业的业务不断增长、规模不断扩大，企业的经营对象范围也随之扩大。一些企业伴随这样的变化，开始想要扩大自己的生产模式，采取不

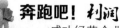

同的方法来在不同市场中获取利润。然而，一些企业在这样的尝试过程中，遭遇了重要的瓶颈问题——**如何盘活资产、面对新的市场和顾客。**

一般来说，不少企业只有在新的市场中遭遇碰壁之后，才会选择调整。然而，商场如战场，商场就是博弈。如果对形势没有做出准确判断，就无法去进行及时的调整，做出及时的决策来盘活资产。事实上，如果能比竞争者早一步盘活资产，就能够超越竞争对手，转而寻找新的机遇。

一家餐饮食品加工企业，已有 13 年左右的历史。目前，在某市的食品加工产业园区有 25 亩的厂房，专门进行生物发酵和保鲜食品研究开发工作，并在这里建立起了企业总物流基地。这样，既方便从产业园区向公司的不同连锁专营店进行新产品的供应，同时也能为该市的经济建设作出贡献。

考虑到企业所在的省区有着食用泡菜的历史，因此，泡菜成了该企业在餐厅经营和门店经营中必不可少的重要菜品。例如，在餐厅经营中所使用的大量泡菜，都是由产业园工厂自行加工生产的，这既是出于对食品安全、风味口感等因素的考虑，也是因为这些材料如果采取采购方式的话，有可能发生添加剂超标等问题，对企业的品牌、产品的质量都带来不好的影响。

为此，该企业高层在该厂资产方面投入较大，迄今为止，已经投入了将近 2000 万元的资金，然而，这个项目并没有产生什么利润。反过来，企业还要为产业园区的运行支付成本、缴纳水电费、发放工资等。

怎样尽快将企业这部分资本盘活起来，成为企业领导者关注的问题。通过有效地咨询和思考之后，该企业找到了下面的方法。

首先，该企业找到一家已经做得相当成熟的食品加工企业，并严格了解掌握对方的食品安全状况，经过谈判，将其发展成为本企业的产品供应商。

其次，该企业计划重新开办一家公司来专门销售泡菜产品。当然，这个过程将会是较为艰难缓慢的，企业也因此而开展准备。

该企业领导层还作出了这样的计划：万一生产方面的资产始终无法盘活，就打算对产业园的资产进行转型，从生产行业"撤退"并避开竞争，全力在销售领域进行经营。

利润导向思维 ▶▶▶

从上述案例中可以看出，该企业在餐饮食品加工和销售方面的业务做得很不错，由此，他们想利用现有的资产，在原料供给上也着手经营取得一些收益。这样的想法和做法在目前的企业经营中并不少见，也表现出不少企业家对于利润的追逐愿望。不过，这样的做法还是需要企业能够客观冷静地发现机遇、善于经营并能够盘活资产。

1. 盘活资产首先要让思维活起来

企业能力的提升，意味着企业投入和产出比的最大化，而并非简单地能够先行投入资产、在时间上取得领先。相反，能力的提升，要求企业能够运用好自我现有资产，将擅长经营的项目坚定地做好。

因此，在打算盘活资产将企业规模做大之前，企业经营者应该重视盘活资产的同时所提高的组织成本、管理成本。而当企业的资产规模过大无法盘活的时候，就难免会走下坡路。为了避免这样的窘迫状况，企业在盘活资产之前要懂得取舍，要让思维"活"起来，能够结合自身长期的能力积累，建立充分长效的竞争力。

小企业不要急于做大事情，盘活资产的出发点应该基于现实。面对市场利益的诱惑，企业领导者在尝试盘活资产之前必须要考虑，是否需要放弃原有的市场，是否在新的市场中才能获得成功。回答好这样的问题，盘

活资产的努力才能变得有益和高效。

2. 联合经营和自我经营

对于类似上述案例中的企业，对新的市场有想法，但资产却没有能充分盘活得到运用，他们所需要做的就是利用联合经营或者自我经营的方式，充分发挥产能的效应，实现扩张潜在利益。正如企业在之后所做的方案那样，为了能够争取到更大利润和份额，可以将其中部分的项目用外包、协作的方式交给经营伙伴做，表面上分出了一部分利润，但实际上企业可以将现有的产能发挥到最大，分享来自供应企业的现成的产品利润。而采取自营的方式，则能够让产能在新的形式下得到运用，当然，这也意味着企业有新的投入。

3. 无法盘活就要撤退

在商场中，如果企业对于形势作出深刻的判断，发现盘活资产之路很难走好，就应该采取有计划地撤退方式，用产能寻找新的机遇。

例如，假设这家企业最终从生产市场上撤退，就能够将产业园区的产能全部为餐饮经营服务，或者从供应商那里购买合适产品，将餐饮的赢利做到最好，从而避免在自己不利的市场中越陷越深。

客户是最稳定的利润来源

在愈演愈烈的企业价格战的竞争中，有不少企业面临着尴尬的被动参与竞争的局面，他们被迫进入降价序列，以应对竞争者的挑战。然而，在这样的局面之后，企业家们是否考虑过下面这些问题：打折进行的销售是否真的能有效提高利润？价格战在怎样的情况下才能获得成功？企业怎样才能避免陷入不利的价格战中？

想要回答好这些问题，企业家应该清楚地了解，**怎样才能通过稳定客户来获得稳定的利润来源。**

某家生产包装材料的公司，专门从事不同的软包装材料开发、研究、生产和销售工作。在企业的运营过程中，该企业不断加强产品的技术创新，并提高产品设计和生产的速度，其产品质量领先于其他同行业的公司。公司在产品结构上的组合能够满足不同层次的客户需求，同时，还从国内外引进了不同的先进生产设备，推行符合产品的 ISO 质量体系和环境体系，用以保障产品质量，使得产品符合国外客户对包装材料的环保要求。

目前，企业在行业内保持较为稳定的上升势头，并在当地市场内通过竞争获得了良好的利润。在这样的基础上，企业领导者想要进一步拓宽公司经营的区域，逐步提升区域赢利，并挖掘异地市场潜力。

当然，环境中也有不利的一面：由于该行业经营门槛较低，许多中小企业开始涌入，甚至出现价格战。为了减缓竞争的压力，企业想要稳定客户并获得持续的利润源。

首先，该企业决定，对于成熟的重点客户，采取为客户提供贴身服务的方法，巩固提升和客户的全面合作关系。对于那些布局尚未完善的区域，采取委托加工的方式以方便服务客户。

其次，该企业领导者规定，各层级、部门的领导要拿出更多时间和客户会谈，尤其是同最重要的客户进行会谈，通过这样的会谈了解客户的想法。可以说，只有通过这样的办法，企业领导者才能明确客户的实际需要，并利用这样的需要来指导企业工作，稳定客户并得到稳定的利润源头。

另外，该企业领导还充分分析该企业不同方面的能力、即将面临的压力，并将自身的业务系统和客户关系系统进行比对联系，从中获取利润源

的渠道。

该企业还有一个最终没被通过的方案：试图由公司自己来打造一个供应商和客户进行整体教益平台的想法。

总体上说，由于有了新的方法，该企业的客户得到进一步稳定，而利润的上升趋势也逐渐明显。

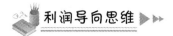

当前，不少企业都试图从区域领先的道路开始做大利润。例如，案例中的包装材料公司，就是一种依附性较强的行业产品，整个企业乃至行业的经营状况、利润来源都和客户的状况紧密相关，如果产品销售量不好，企业的资金、发展都无法得到保证。因此，对于该企业领导者来说，围绕客户的意识尤为重要。

1. 区域领先，客户中心

不仅是案例中的这类企业，更多的企业同样有着共同的目标：在保证快速增长份额和销售量的同时，还需要保证货款的快速回笼，并打造双赢的客户信用管理体系、可持续发展的合作伙伴关系。

总体上来看，企业打造区域布局，应该将客户看作中心，能够围绕那些重点客户，进行客户关系建立和维护，从而真正落实对客户服务的理念，和客户不断前进。

同样的道理，只有先做到区域领先，才能对企业自身的竞争地位加以巩固，并在激烈的竞争中获得更多客户、更多市场份额。

2. 对客户想法进行了解

如果企业想要加大对客户的投入，就应该学会对产品进行组合，并通过不同的组合方式，进一步延伸产品的生产和经营。这是因为，产品组合就是每个企业提供给市场上的全部产品项目进行组合之后所表现出来的结构，其中主要指企业的业务经营范围。然而，企业家不能只是用这种传统意义上的观点去看待企业的产品组合。相反，产品组合具体表现为何种形式，应该从客户自身角度出发，了解和满足客户自身的需求，通过会谈、研讨等不同方法去和客户进行沟通交流。

3. 立足基础，服务客户

案例中，该企业的业绩始终不错，客户也希望和该企业进行合作。但是，该企业想要搭建整体交易平台，可以说短期内并不合适，也不利于挖掘客户的潜力。这是因为，以企业目前的产品结构、发展阶段来看，都不足以打造大型交易平台，更不用说企业并不完全熟悉整个行业的经营规则，也不完全清楚客户和市场的需求。

对于大多数企业来说，虽然有可能看到自己涉足业务范围之外的经营，也看到了客户的需求。但是，绝不能忽视自身的业务能力是否能满足这样的需求、提供这样的经营，并能够应对新业务所带来的压力。随着信息传播速度的加快，只有做强自己基础能力的企业，才能凭借自身已有的实力和优势，在市场竞争中找到自己的位置。

客户需求大企业利润低的症结

有客户，就意味着有需求；有产品，就意味着有能力。然而，**能力大，并不代表客户的需求就能得到满足，同样，有产品也并不意味着利润就高**。只有将客户的大需求转变成为企业的高利润，两者充分结合，企业的发展问题才能得到解决。

具体来看，如何才能将客户的需求变成自己的利润，是许多企业家都在思考的问题。想要解决好这样的问题，企业家必须要懂得怎样在目前客户的需求范围内进行必要的产品创新，并选择良好的经销商来致力于企业的发展，通过全盘筹划提高品牌的影响力进行品牌建设来获得更高的利润。

某家经营生产速冻食品的企业，主要业务范围是水饺和汤圆的生产销售。该企业从2002年成立之初，就立志要打造成为同类行业中的知名品牌。经过努力，率先在同行业中通过了食品安全认证，并导入了国际质量管理体系，从而确保企业的产品从质量和价格上都获得客户的认可。

然而，和这样的目标不大符合的是，每年该企业的年销售额始终停留在千万元左右的水平。为了获得更多利润，企业管理层经过讨论，决定抓住产品的代理商，而当继续顺延这样的思路进行研讨分析后，企业领导发现需要对企业的产量进行扩大。于是，企业的产能被扩大到3000万元。

除此之外，该企业还对客户群体进行了分析，大概的分类如下：

第一类是本省境内的渠道代理商，包括省会的代理商、各地级市的代理商。这些代理商的特点在于，对于品牌要求度比较高，对于非品牌的产品要求则一味压低，从而降低成本。虽然这些代理商每次要货量很大，但是通常他们都会对企业的价格进行压低，因此，企业从他们身上获得的利润也较低。

第二类是省会市区内的各种餐饮店，包括小型的门面店和大型的连锁餐饮店。其共同特点是，虽然对品牌的要求不高，但是对产品的口味要求较高、送货要求及时，特点则是需求量较为分散、运输成本较高，利润比较客观。

第三类是机关事业单位、院校的食堂。这些客户的特点是，首先比较注重产品的安全、品质、口味，其次才更关注价格。因此，企业需要先把好产品的质量关，才能适度提高价格，较好地实现利润增长。

第四类则是企业自身和当地连锁店合开的直营餐饮连锁店，主要面对高端社区的客户。这些客户的要求是方便、美味，其最初需求量可能并不大，但是对于自身品牌的宣传和获取最大利润有着相当的好处。

随着市场竞争的激烈化，该企业在面对不同层面的客户时，一些大的代理商不断降低产品价格，导致利润下降；如果企业退而求其次，选择那些小代理商，则这些小客户也难以贡献出大销量，使得企业经营所获得的利润也会变低。

利润导向思维 ▶▶▶

对于该企业来说，最重要的是针对现实情况，将客户的类别分清楚，并进行有效归纳。一类是家庭式的消费，另一类是餐饮业的消费，对于前者而言，关注的是品牌保障，而对于后者而言，关注的是产品，却忽视了品牌保障。

1. 对客户需求进行分级

针对类似的情况，企业应该对客户需求进行分级，客户本身层次分类越是清晰，客户的需求才能越清楚。

企业家可以将客户需求放在不同的维度上进行衡量，从品牌到质量、从价格到时间，然后将客户需求具体综合体现，从而更好地关注客户所能给出的利润层次和高度。

2. 改变经营模式满足顾客需求

对于该企业来说，虽然运营了已经快10年，但其3000万元的产能只能带来1000万元的销售额，说明企业的产品和销售模式必然存在着问题。例如，该企业的产品不能为人所知，其原因正是在于产品对市场的覆盖力

度不够，许多消费者并不熟悉。又如，该企业的产品种类较少，销售渠道也较为单一，不容易吸引代理商的注意等。

总之，企业应该能尽量直接简明地表现出产品和其他竞争对手的不同，这样就能明确企业可以如何利用其产能，满足客户的需求。

3. 分清楚客户需求什么、企业能做什么

在不少企业的实际经营中，企业的业务能力经常被客户的需求所带动。但问题是，企业实际上没有那样的实力，无法去满足客户变化的需求。这就导致随着企业对客户需求的定位不清楚，企业自身的业务发展方向也始终不清楚，对于自己能做什么和该做什么，企业家也始终不能确定。

真正正确的做法，是积极分清楚能做什么和该做什么。能做什么，是因为企业有这样的实力去做什么；而该做什么，是因为客户既有这样的需求，又能够提供这样的利润。当你抓住能做什么和该做什么两者之间的交集时，就应该将这样的市场做透，并在做透之后再去开拓其他客户的需求，这样才能够获得成功。

第四章

创新时代如何避免 "被竞争"

确定属于你的利润之道

人们经常会看到这样的情况：不少企业发展到一定阶段之后，就再也发展不下去了。一般来说，产值数千万是第一个"关口"，涉及具体的经营问题；产值一个亿是第二个"关口"，涉及组织的问题；产值十个亿则是第三个关口，涉及风险的管控问题。因此，企业想要做得更大，就需要**确定更为准确的利润渠道**，这是必然的发展过程。

人们会发现，很多企业家的思维中并没有这种必然的发展过程观念，眼光和格局并没有那么大。事实上，利润之道是属于每个企业自身的，是应该顺势而为的，当掌握了"势"之后，企业就能够稳操胜券并借势布局。

某年，一家外企刚刚进入中国市场后，邀请了某位企业管理咨询专家进入其战略发展委员会。这位专家了解到，该企业是经营生产无碳复写纸的，在20世纪90年代初，内地无碳复写纸市场已经饱和，市场需求量只有30万吨的情况下，总体的产量已经达到36万吨，由此，不少人对这家外企并不看好，认为其生产的产品已经供大于求。

的确，当企业进入内地的时候，面临的实际问题的确是供大于求。因此，该咨询专家建议，不要急于在内地建设开发工厂，而是先在内地建立了数十个分公司，几百个办事处，然后从东南亚的马来西亚、印度尼西亚等国家进口产品做起了销售。在这样连续销售了5年并亏损之后，该咨询专家建议企业开始投入，先后在工业园区内投入了10亿美元，并建立了总面积约为2.7平方千米的两家工厂。其中，一家工厂专门生产日用抽纸，另一家企业生产无碳复写纸。在建立无碳复写纸工厂之前，该企业还建立了一家电厂，当电厂投资完成之后，再将电力销售给当地的电力公司，将

卖电的利润变成流动的资金，用流动资金来进一步保障无碳复写纸的正常运营。

随着企业的兴建营业，生产无碳复写纸的规模达到了 40 万吨，3 个月内，产品销售额的规模高达 1.2 亿元。在这种情况下，很快，整个内地的无碳复印纸市场被该企业覆盖。

在后来对该企业成功经验的总结过程中，该咨询专家说，该企业之所以能够获得后来的高额利润，是因为花费了七八年的时间，走出了属于自身的利润之道，进而获取了在市场上的全局胜利。

分析该企业的利润之道可以发现，首先，该企业之所以先建设了销售网络，而后建设企业，是因为企业的产能如果想要达到峰值，需要一定的时间，而在此之前，大多数的企业都可能是亏损的。这是因为，生产成本是伴随企业的工厂建成而开始的，和营销成本有着很大不同。因此，企业管理者要做到用有限的金钱，换取可以预见的胜利果实。

其次，该企业原本一开始并没有将生产规模设定到 40 万吨，但该咨询专家发现，国际巨头会在市场成熟后进入国内，因此，该企业要做规模效益就必须做到一定数量，从而将竞争门槛推高，让竞争对手无法走上同样的利润道路。

最后，该企业的产品价格之所以比市场价格降低 40%，也是因为想要用企业利润击败市场利润。这是因为，在作出决策的时候，企业家想要获得自己的利润道路，应该做的是只赚企业的利润，而并非去一味追求市场利润。通过选择追求企业利润，才能让竞争者放弃竞争，并压制他们的空间。

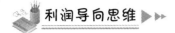 利润导向思维 ▶▶▶

身为企业的管理者,在企业的管理过程中,一定要参考市场利润,设定企业的目标毛利润,并对同行业中竞争对手的平均毛利润进行比较分析。这样,才能正确判断企业的赢利能力,提高自身的赢利水平。

在这样的过程中,企业家应该结合自身企业的市场竞争力,并注意下面三方面的问题:首先是企业整体的战略规划,即所谓的"格局",而不能只是看到单独的问题;其次是看到公司的能力,即是否有能力去结合总体的运营战略制定出相匹配的利润获取方案;最后是公司的未来持续获利能力,包括创新技术和客户服务能力。

1. 创造增加利润的条件

正如咨询专家和企业在实际工作中所想到的,提高企业毛利率的方法,是做到"薄利多销",实际上这就是订单多少的问题。在原材料价格无法进行自我控制的情况下,企业接到的订单越多,就越能增加自身的利润。但企业领导需要注意的是,订单的多少不仅仅能体现出企业自身的能力和水平,也和企业客户密集程度、对市场覆盖能力有关。因此,想要获得更多的订单,就要努力开创条件。

2. 适当拓展业务

无碳复写纸和电力销售连起来,看起来有些奇怪,但在实际经营中,企业业务中经常有这样的情况,即主要经营的项目赚钱并不多的情况下,其他业务的经营反而赚得更多,并能够将利润反馈给主要经营项目。实际上,大多数企业都能够对产品结构进行调整,并对产品进行组合,因为良好的产品和业务组合不仅能够促进销售业务,也有利于提高企业的总利润。

例如，一家企业原先销售彩钢板，这样的利润是有限的，但如果搭配其他的钢结构进行打包，就能够使这种组合结构带来最大化的利润。这是因为，彩钢板是在钢结构过程中实现的，只不过仅仅对之进行了再加工，因此，在这样的过程中加上组装件，就能够提高企业的整体利润率。同时，在重视新产品开发、删除旧产品的同时，也应该注意关注市场的需求和竞争的变化，以免出现产品组合的不健全和不平衡。

3. 做好专项工程

通过对企业整体经济的具体分析，可以发现，只有专一化面向市场的产品，才能让整个企业的利润值有所提高。这是因为，专业化生产和销售不但能够有效保证利润渠道的稳定，还能使企业的产品在质量和数量上都得到精确控制。因此，企业可以先对产品所面向的市场进行分类，再对产品的生产门类进行调整，并在这样的领域中做专做精。

想要获得这样的效果，就要确保企业有明确的产品定位，能够制定出长远的发展规划，而企业规划生产出的产品类型，也就不能因为市场的短期变化做出频繁的更改，否则就会出现在不断开拓新客户时丢失老客户的情况。这样的方法同时还能够保证企业形成稳定的利润渠道，市场的抗风险能力也会随之降低。

从上述提高利润的三条路径开始，不管从企业的规模还是从毛利率多少的角度来看，企业未来获取利润的前景都将是非常乐观的。

创业期生存难问题要解决

对于刚进入创业期的企业而言，资金是相当宝贵的企业资源。**如果不能控制好资金的走向，企业在创业期就会面临很大的生存困难问题，甚至会导致企业无法迎接明天。那么，创业期间，企业应该怎样去有效利用资**

金，并在做好赚取利润准备的同时，做好企业自己的准备，赢得生存发展的机会？企业家应该围绕这个问题做好下面的准备：首先，要做好创业期间资金预算的计划工作；其次，要尽早明确企业在创业期间所依赖的客户消费群体；最后，要了解和成本相关的各种因素，并制定相应的标准。

某家健康管理公司成立于2010年年初，并于当年5月开始营业。从营业一年之后的经营表现来看，该企业的经营状况很差，股东回报率为 –130%，业务员回报率为 –200%，而资产周转率也只有1.3%。2011年，该企业只实现营业额110万元，而当时初期的投资却达到300万元左右。

痛定思痛，该企业领导者发现，主要的问题在于，该企业作为新成立的公司，知名度相当低，客户较少，而销售额和利润也随之变少。具体来看，这家企业的经营首先从对客户进行高质量的体检开始，接下来，公司的健康专家会为不同的客户开出具体的、个性化的健康管理方案，并由健康顾问对客户进行后续体检。从企业2010年的运行情况来看，已经有些客户对企业的情况相当了解，并非常认可企业所提供的健康方案，但是，由于企业的知名度较低，因此在创业期间表现出的销售状况并不理想。

根据企业的经营状况和行业分析，企业领导者研讨出了如下的解决方案。

首先，对企业的销售渠道进行扩大，并增加市场利润收益。企业目前的产品周转率只有0.4%，这样的比率当然很低。因此，企业领导者想通过提升销售量来增加利润，同时提升产品的周转率。企业打算通过老客户推荐，让比较信任企业的老客户来推广企业的健康服务和产品，并发动更多新的高端人士成为公司会员。

其次，迅速打造公司的形象，提升企业品牌。该企业的成本投入很大，而其中固定资产的成本占到了51%，而这样的比例在整个健康行业中是较高的。因此，企业管理层打算通过降低其他间接成本来减少总成本。

很快，管理层发现，在间接成本中，有部分成本利用率很低，主要集中在公司的医疗专家的利用率上。所谓专家利用率，是指在公司刚成立初期，从全国各地聘请了专门的医疗专家来做健康顾问，这项举措间接成本很高，但利用率却比较低。究其原因，是因为企业目前的销售管道过于狭窄，产品的销售力度不够，不少专家难以真正投入工作。因此，企业打算今后在聘请专家这一点上做到量力而行，但目前还是需要通过扩大销售额来弥补这方面的成本。

最后，对后勤员工的成本进行降低。虽然企业刚刚成立不久，但是，在企业内部却有着一应俱全的部门。然而，由于前期经营的销售额过低，无法支撑这样大的人力成本，企业考虑，通过削减人员的数量和费用的开支，进行成本的降低。考虑到公司的稳定发展，企业管理层决定在保持目前员工数量不变的情况下，将后勤员工工资福利的比重进行削减。

利润导向思维 ▶▶▶

通过这样的方法，该企业逐渐度过了起初的艰难创业期，其利润逐渐增加并走向正轨。

拒绝高成本

必须了解市场

保持稳定起步

创业期如何解决生存难问题

1. 创业初期拒绝高成本

作为处在创业期的企业，最不应该犯的错误就是企业在经营初始，就过高定位产品的价值，并将之体现在高成本上。这种行为很容易导致整个企业在发展之初就产生沉重的经营负担。例如，案例中的企业领导认为，公司聘请的专家、后勤团队是产品的高价值，但实际上，产品首先需要的是市场和品牌。

之所以这样说，是因为产品和市场之间需要有很好的连接，而这样的连接并不仅仅是销售出多少产品，而是指企业投入了多少成本。成本投入越多，如果利润不能有同样的成长，企业的销售额就不够大，规模的扩大就难以实现。

2. 初创企业必须了解市场

任何企业在初创时，企业经营者都不可能完全清楚地认识整个市场。再加上这些企业往往对当地经济环境整体上有很高要求，因此，这些企业在初创时期必须要充分了解现有的市场状况，才能获得生存并得到扩展。

3. 初创企业应保持稳定起步

不少企业的经营者都有这样的疑问：产品明明很好，宣传的功能价值也是真实存在的，但就是没有多少用户愿意买账。这实际上往往来源于企业犯下了起步不稳定的错误。

产品是否有充分的价值，并非企业经营者自己进行宣传所决定的，产品在市场中通常无法完全表现成为刚性需求，大都是软性需求。在这样的情况下，如果企业经营者将步调定得太高，就很容易摔得很惨。

因此，在企业刚刚创立之后的营销过程中，应该摒弃浮躁而短视的营销手段。同时，企业家还应该记住，抓住产品功效是成功获取第一桶金的

重要因素，否则，产品的包装再精美、广告的宣传再喧闹，企业也难以度过创业期。

稳定起步的重要基础，在于深入地了解客户需求，并能够和每个重要客户都进行充分的深度联系，这样才能建立起长久稳定的关系，而这也正是每个创业企业所需要努力达成的业绩。

市场波动期及时进行调整

伴随着全球经济一体化趋势的不断加快，企业之间为了争夺生存发展空间的竞争越来越激烈。这样激烈的竞争，无疑对企业构成了巨大的挑战。如果企业想要在市场中获得持续的赢利，能够远离风险边缘，就应该**学会用与众不同的视角去看待企业未来发展的趋势，去认识市场不同时期企业所处的位置**。

市场不可能永远是风平浪静的，如何在变化的市场中，把握未来的生存方向，事关企业的发展存亡。不少企业在市场状态较好时，盲目追求规模化，盲目进行投资和收购，结果虽然企业的资产在短期内获得了迅速的积累，但这种积累和占有并没有真正促进企业效益的有效增长。更不用说当市场不景气时，企业所受到的打击。因此，想要突破发展过程中受到市场限制而产生的瓶颈，想要在未来市场变化的状态下始终保持优秀，企业领导者必须要有着系统化的企业管理思维、整体化的利润管理思想。

某家经营设备生产制造的企业，从 2005 年成立到目前为止，已经在本行业中经营了 8 年。目前，该企业有员工 300 多人，主要生产和加工不同的紧固件、标准件和不同的汽车配件，每年的营业额在 5000 万 ~1 亿元。

目前，企业还有对两处土地的投资项目：其中一处项目占地约 5000 平方米，企业投入 800 多万元，用来在该场地建设数控厂房。如果厂房建成之后产能难以完全发挥，企业打算出租给其他企业来承包经营，从而提高资产的利用率；另外一处厂房经营项目大约占地6000平方米，总的投资额约为1000万元。除此之外，该企业还有一家占地约为500平方米的贸易公司，其年销售额在400万~500万元。

根据公司领导层的计算，今年公司的销售额可以达到5300万元左右，然而，这个数字带来的赢利状况并不好。原因在于，近两年国际市场的形势不大好，而以往公司的汽车配件又主要是以出口为主并从国外市场上获取大额度利润，这样，企业只能逐步将自己的经营目标转移到国内市场上。但在国内市场上，又面临着市场中其他公司为了竞争主动进行的压价行为，对此该公司的产品只能跟随降价，又直接导致了销售额的下降。

当然，由于市场形势不好，企业员工的流动性也在加大，业务员由于个人待遇问题，而跳槽到了同行业其他公司，而他们的跳槽也带走了公司一部分客户资源。

这些问题，让公司领导层感到很焦急，希望能够找到办法。

经过相关的咨询了解，该企业领导层明白了问题主要出在以下方面。

第一，企业投资较为分散，主营业务没有专注性，当市场发生波动时，企业竞争力受到影响，利润增长也随之放慢；第二，企业盲目追求对市场的覆盖面广，但却没有深入钻研主营业务，市场波动之后，发现覆盖面不变的情况下，获利能力却严重受到影响；第三，生产和投资所支付的前期成本太高，结果市场不利之后，这些原先被忽略的成本问题很快暴露出来；第四，现金流的短缺，也在市场出现不利走向时，严重影响了企业的获利能力；第五，企业的领导层缺乏对市场整体走向规划、管理和应对的能力，企业对自身在市场未来的角色定位不明确。

针对这些问题，该企业领导层决定，及时调整自身的产品组合，并运用价值创造的理念，对企业的不同产品做出赢利能力的分析；抓住边际效益高的产品进行市场推广，逐步淘汰那些边际利润低、周转率低的产品，

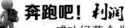
并以此控制销售增长率，增加企业能够利用的现金。

另外，企业决定进一步扩大国内客户源，改变之前单纯依靠大客户营销的经营状况，既要找准行业中的大客户，同时抓住更多的小客户，争取尽快地在短期提高销售业绩。与此同步进行的是对客户类型的优化，对那些缺乏真正实力，无法按时付款的客户，该公司打算及时淘汰，并以此确保企业应收账款的回收率，从而满足日常经营的现金需求。

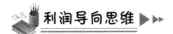

利润导向思维 ▶▶▶

企业赢利的前提，是需要通过正确的经营管理，去维持企业的正常运转，并在这样的基础上逐步寻求企业最大化的赢利。然而，企业是否能够正常运转，不仅仅在于其内部管理，同样也受到市场的波动影响。因此，企业经营必须要考虑到市场负面影响下应该做出的应对措施。

1. 市场低谷期，长期投资要慎重

企业家如果选择在市场波动期进行长期投资，会有一定风险。

所谓长期投资（Long – Term Investments），是指不满足短期投资条件的投资，即不准备在一年或长于一年的经营周期之内转变为现金的投资。企业管理层取得长期投资的目的在于持有而不在于出售，这是与短期投资的一个重要区别。

一般来说，企业如果进行长期投资，需要稳定和持续的现金来应对市场的变化，才能保证顺利实施长远战略。反之，如果企业在市场景气的情况下，将大量的现金用于投资中，一旦市场不景气，企业经营运作的现金流就会断裂，并导致战略的失败。

类似案例中的企业，想要应对市场的不利环境，需要做到的是对战略的调整，即将企业的资金只投入到某一个产业中，并放弃那些短期内不能

赢利的投资项目。这样，就能将凌乱的投机变成持续的投资，培养企业应对不利环境的能力。

2. 做好企业的整体战略规划，明确长远的发展目标

大多数中小民企之所以在市场不利的环境下难以获取利润，是因为其领导层并不知道企业到底需要什么，需要怎样的标准以及需要怎样的战略规划来给企业指出不同市场环境下的发展目标和标准。因此，企业家必须要知道企业朝向什么战略、何种方向去发展，并具有一定的目标和标准，能根据规划作出正确的应对方案。

事实上，不论是中小企业还是大企业，都处于不断的成长之中。而对于资产的占有，并不能够促使企业有效应对市场变化。与此相反，想要突破市场的限制，企业管理者必须要有系统化的管理思维、整体效益化的管理思想。

3. 打造企业核心竞争力

一些企业虽然具有创造价值的能力，但在市场情况变差之后，总是处于困境中。这是因为，按照其现有的资金结构、产品结构，难以支撑日常经营的需求。企业面临的风险，导致企业战略实施难以顺利完成。一旦企业缺乏了现金款项，抑或缺少了有竞争力的产品，不仅难以在市场中获得预期的目标，甚至当市场出现环境恶化时，会导致企业的亏损。因此，企业必须对产品结构进行理性评估判断，并采取结构调整、降低、增加等方式进行有效改变，主动适应市场的变化。

另外，对客户结构的优化，也是积极应对市场恶化的努力。例如，对客户的评价角度应该多元化，不仅仅从客户的业务规模大小来考虑，还要保证企业的应收账款回收速度等。

总之，要让企业获得稳定的投资结构，具有整体的战略规划、明确发

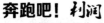
展目标，拥有良好的产品组合和竞争能力，优化客户结构，企业就能在市场低潮期坚持下来，成为笑到最后的竞争者。

多元化之路该不该走

多元化经营，是目前许多企业家相当关注的话题。当企业发展到一定阶段之后，总是希望能够进一步做大做强，而多元化则成为企业家最常见的选择。然而，企业是否应该多元化发展，多元化的经营是否一定就能够带来好处，身为企业经营者，需要在实施这样的战略前仔细思考，才能明白**企业是否对多元化的业务领域已经完全明确，企业对未来多元化的投资风险和收益是否有足够的把握，企业的资源是否得到了有效的合理配置等。**

在企业追逐利润的过程中，利益和风险总是并存的。因此，不论是生产产品还是提供客户服务，面对多元化的经营，企业家应该对之进行慎重权衡，做出选择，并将多元化变成竞争的利器，在激烈的市场竞争中站稳脚跟。

某企业目前专门从事工业废弃物回收的处理业务，对工业生产过程中的弃置物品进行收集和综合利用。目前业务主要集中在下面两个方面：化工企业、其他工业企业的固体、液体废弃物收集和储存、处理，并能够对废弃物样品的化学性质进行分析；在工业废弃物的处理过程中，能够将企业所生产出来的副产品、废品、肥料进行进一步的加工，形成化工原料等产品进行再次回收和利用。

目前，这家企业的业务除了上述已经开展多年的回收工业废弃物之外，还在垃圾运输和压缩处理、再生利用资源技术等环节提供全方位服务。另外，通过企业对垃圾资源再生技术的实际研究，也为改善当地的环境做出了一定贡献。

随着企业规模的扩大，企业领导者想要在以下几个方面继续发展企业的业务：

首先，打算抓好企业对客户的专业性服务，对所有有工业废弃物处理需求的企业做好客户服务，并力求达到专业级别，让客户满意；其次，实现多成分系统生产，通过设备处理，为大型的化工企业提供原料；最后，确定企业在区域的领衔策略，该企业领导者认为，企业化工原料生产相对集中，大多集中在某个产区之内，公司作为这个行业中最大的化工原料提供商，有着较大的产能。因此，他们想要加强对市场的控制能力，提高资产周期率，并对相对市场份额进行积极占有，打造企业的品牌。

另外，该企业还在西北建立了一个循环经济产业园。通过这样的平台，利用企业的业务流程、资源处理的优势，从而将整个行业的废品原料进行集中。这样，整个工业生产行业中的客户就会更加依赖该企业。为此，该企业管理层还打算让企业的供货商进入循环经济产业园，从而直接参与到企业的配套生产中。

利润导向思维 ▶▶

多元化的经营、专业化的技术经营，都是企业的重要决策。无论企业面对未来做出怎样的决策，都应该从自身的行业特点、经营状况出发，而不应该盲目跟风。当前，不少企业的规模已经有了相当程度的发展，这些企业家急于在短期内寻找新突破。而在企业的规模扩大、减少风险的思路引导下，大多数企业都希望能够进行多元化经营，从而降低、分散、化解经营风险。然而，并不是所有的企业都适合做多元化的经营，这是因为，企业的行业特征、技术特征，都会影响企业是否适用多元化经营模式。

1. 加强客户服务意识

在市场竞争中，产品的价格和性能很容易出现同质化，因此，企业如果想要更好地做好多元化发展，就应该突出服务意识，突出个性，从而获得更多客户的青睐。

可以说，完善的客户服务是多元化竞争中所必不可少的。企业应该做好从客户的获取到维系过程中的一系列工作，从而不断对客户的满意度进行提高，对客户的期望予以实现。因此，当企业试图走向多元化时，应该提前解决客户服务的问题，并让企业的技术和产品来帮助客户解决问题，从而让客户更多地信任和依赖你。这样，客户就能够为企业带来利润，而不是盲目进行更多的多元化经营。

如果企业的运营不是向终端延伸，而是一直锁定前端，这样，才能打造出企业的最大优势。

在企业的实际运营中，总是会有利益和风险存在的。因此，无论是在生产或服务方面，都应该慎重地选择多元化和专业化的方向，经过权衡之后做出的选择，才能让企业获得稳定的位置。

2. 和不同的供应商建立紧密关系

如今，越来越多的企业家认识到。供应商的产品质量和价格，对企业所进行的多元化投入有着较为直接的影响。这就要求企业能够和不同的供应商之间建立起长期、紧密、信赖的合作关系。

企业想要成功实现多元化，就应该和供应商进行多元化的合作。如供应商和客户之间的绑定合作，或者让供应商围绕企业来建立工厂、让供应商直接进入产业链等。总体来说，企业应该使用自己的软实力去推动和供应商之间的合作关系，并利用现有技术，去指导供应商企业经营发展相关产品，并分享利润果实。

3. 将投资和经营分开

应该看到，多元化和专业化并不是民营企业的趋势正在分化，其中一部分企业在坚守其专业化的态度，深化自身产业的深度、纵度和精细化，而另一些企业则开始朝向多元化的趋势发展。在这两个方向上，企业都有成功的可能，也都有尝试的价值，并非只是多元化或者专业化就能决定企业的发展是否顺利。

但是，从总体原则上来看，企业应该将投资和经营有效地分开。企业的投资可以多元化，但是经营应该保持专业化的发展。这是因为，当企业创立之后，发展的初期是专业化的，但经过一段时间之后，企业有所成熟，就可以多元化，而多元化并非盲目扩张，是需要对自己熟悉的相关行业进行经营发展。例如，零售业的企业，如果资本足够、人才足够，就可以进行其他相关零售行业的发展而不仅仅在专门的领域。但与此相比，投资的方向和领域则可以更加多元一点，而不必完全拘泥于同一个专业。

寻找市场洼地，提前做规划

对企业的销售业绩进行提高、对市场份额进行扩大，是几乎每一位企业家、每一个企业管理者都想要实现的目标。为了实现这样的目标，他们采取了不同的方法，其中最常见的方法，就是对**产品进行规划，扩大产品和其他产品的差异化，从而提升销售业绩**。许多企业家认识到，他们的企业之所以在获取利润的能力成长上遭遇瓶颈，就在于其自主开发创新的能力不够。为此，企业家应该积极思考，认识到新产品差异化设计的重要性，并让老产品在深度上得到充分的挖掘。只有做出长短期不同的产品规划，并了解消费者的需求，才能规划出企业的核心产品，然后围绕这样的规划，为客户提供应有的附加服务。

　　某家纸品企业的业务集研发、生产与销售为一体。企业从 2009 年成立之后，将办公用纸、信笺、文件纸、相册、簿本、文件夹等纸制品作为产品基础，以迅速服务作为理念，致力于用高端纸张的纸品来为客户的文化生活服务，以纸张产品来承载企业文化，彰显客户的品位，展示良好的工作和生活态度。

　　目前，在企业品牌运营店的经营过程中，有一家专门面向外贸的店面投资有所亏损，达到 500 万元左右，而另一个店面则亏损 800 万元。对于企业的管理者而言，这样的问题如何解决，是较大的挑战。

　　当下，该公司同时面临的是来自行业中不同企业方面的竞争，竞争主要集中在剪贴产品、卡片产品上。这些产品对于外贸的终端用户来说，是相当常见的消费品，包括贺卡、便签、相册和印刷品等。实际上，目前相关行业的市场主要集中在欧美和亚洲，而国内纸制品、办公文具市场的赢利率也曾经以不错的速度在增长。

　　然而，该企业现在却发现，在国内，企业在原创产品设计上的竞争越来越困难。企业领导发现，宏观经济的变化，与原创产品市场带来的压力也有不小的关系。国内市场整体来看虽然有着较快的发展速度，但整体产品质量的档次并不高，加上原创产品的直接用户群体也较为分散，如果直接对用户进行销售会增加很大的费用。为了转变原创产品设计的情况，目前公司从美国聘请了三位设计师，做相关原创设计产品的推广，然而，他们设计的产品，从文化内涵、产品风格上来看并不完全能被国内用户所接受。

　　因此，该企业领导现在的困惑是，企业是继续在传统产品上深化经营，去面对激烈的市场竞争，还是寻找新的产品市场。目前，国内市场缺乏直接有序的规范，生产的产品种类比较单一，低价竞争、资源浪费等现象相当普遍，这就限制了在国内市场竞争的空间。但是，企业管理者如果去寻找新产品市场，短期内又无法找到。因此，企业必须找到适当的规划，去提高市场的占有率，并采取措施让产品在市场上获得竞争力。

经过一段时间的研究，该企业发现，采取下面的步骤能够达到占有更多市场的目标。

首先，对企业的业务范围进行明确，突出重点产品，并重新确定销售范围，在这样的范围中，压缩了那些并不受到市场好评和消费者欢迎的原创设计产品，反之加大了销售量更大的实用类产品。

其次，该企业领导者积极思考、寻找新的市场目标。他们将扩大的目标放在更为广泛的市场需求上，即面对那些可以用纸制品代替的产品。经过研究，发现高档超市销售袋、高档饮品店一次性杯具和餐厅菜单等，都可以纳入企业的生产和销售范围。而这些产品研制生产出来之后，具有较低的成本和更美观的效果，很快提升了企业的销售量和业绩。对于那些传统的产品，该企业还是在努力维护，抓住重要客户进行关系连接并做好后续服务，稳住了这些传统客户带来的利润。

同时，对于企业在市场中已经打出品牌、具有很高竞争力的产品，该企业领导层决定尝试性涨价。在最初的一轮调价之后，企业进行了市场调查，发现市场并没有太大的负面反应，于是加大调价幅度。结果虽然有很少的客户表现出了犹豫，但绝大多数客户都表示了理解和接受。

通过上述办法，该企业做好了对自身产品的规划，获得了很好的市场竞争力，进一步维护了自身在市场中的地位。

利润导向思维 ▶▶▶

对产品进行规划，实际上就是对市场进行认识、对企业发展进行战略性规划。在企业的经营中，有这样两种管理思维特点：第一种人是守成类型的管理者，他们会在原先的业务领域中有很好的管理经验，能够致力于将企业已有的成功把握住，并做好"防守"工作，在一定的业务范围内，

击败可能出现的竞争对手。另外，当他们面对新的市场诱惑时，会本能地认为，如果企业做得范围太大、跳跃得太快，就会导致新的问题产生。而另一种人则属于进攻类型的规划者，他们会很早就确立成为行业霸主的目标，并想方设法去加以争取，做好成为行业中第一名的长远战略规划。当他们因此而拥有了一定的发展基础和平台之后，就会有意识、有计划地去寻求下一次突破、开展下一个战略计划。

然而，上述两种类型的管理者都有需要改变的地方。对于保守型的管理者，需要积极发现机会，适当做出改变，而并不是坐等机会的到来。相对而言，对于进攻型的管理者，在对市场进行规划的时候，也应该明确地看到，不能盲目膨胀，而是要看清楚形势、做好充分判断，然后再三思而行。

1. 创新产品要有智慧

目前来看，许多企业之所以缺乏对市场的规划力度，是因为缺乏对新市场的创意和开拓。这些企业总是在围绕传统的产品去进行设计上的强化，并导致产品的销量逐渐下滑。因此，想要解决这样的问题，最重要的是应该去找到一个新市场，并积极发现新需求。

此外，在对待传统产品的思路上，企业管理者应该有充分的智慧。这是因为企业一方面应该有计划地开发新产品，另一方面应该积极维护好传统产品。

身为企业管理者，在围绕产品进行规划的过程中，一定要有长短期的不同规划考虑。在充分了解消费者的需求基础上，结合新老产品的特点，确定企业的核心产品，并围绕其为中心进行规划，为客户提供充分的服务。

2. 涨价也是规划的手段

对市场进行规划，也包括采取涨价的手段来进行业绩目标的达成。其中，仅仅像案例中那样提高现有产品的价格也并不完全可行，为了让原有的客户认同价格的调整，企业家可以在已经能够被大量接受，并已经占据相当市场份额的传统产品中，开发出新的产品，并通过增加产品品种或者价值，实现涨价并带来利润。这样，产品和市场的规划被统一在价格这样的手段上，能够实现充分的协调和统一。

3. 对客户的规划应着眼于长远

对产品的规划，不仅应该着眼于客户目前的需求，同时也应该着眼于他们日后对产品的需求。例如，将产品的功能设计结合客户今后需求的变化进行，或者将产品的升级换代和客户自身生活范围的变化结合等。这样，企业就不需要花费太大力气去不断更新产品，而是能够提前进行预先设计，客户的需求也总是能够被企业所把握，甚至能利用产品规划来做好客户需求的长远规划，为客户服务终生。

总之，缺乏应有规划意识的企业，将永远是市场中他人的追随者，而难以产生应有的作为。对规划的注重应该及时开始和持续，这样，企业整体才能明白自己日后的发展方向和努力目标。

合理避开竞争，持续赢利

企业的经营利润，除了由企业产品品质决定的部分之外，最重要的因素在于经营者自身的管理水平。在日常的生产经营管理中，经营者一定要注意能够**合理避开竞争**，做到**持续赢利**，因为这种做法能够在很大程度上影响企业利润。例如，对原料、包装材料方面的采购和加工环节管理，对

不同种类产品的生产计划管理，对市场的了解和对产销平衡的把握等。

需要注意的是，在大多数行业中，当产品市场已经因为激烈竞争而出现分化趋势的时候，企业管理者一定要努力抓住机遇，让自己手中的部分产品能够在价格上和普通产品有所区分，成为高价产品，作为高端消费者的购买目标。同时，也可以让自己手中的另一些产品能够积极"下沉"，将其注意力集中在销量上。最不应该的是企业管理者没有采取办法合理避开竞争，导致企业双线作战——既在价格上参与竞争，又在成本上陷入困局。

一家大型蛋糕连锁店目前的生产经营值得其他经营者思考：

该蛋糕连锁店成立于1999年，至今为止，在华东地区已经有24家直营连锁店，此外，还在某市的工业园区有一家面包蛋糕加工厂。到2009年，这家企业的全年销售额达到3000万元，2010年则达到了4000万元，当年，企业的净利润有400万元，股东的权益接近2500万元，总资产达到3100万元左右。另外，企业还负有接近600万元左右的银行贷款。总体来看，企业发展势头不错。

随着市场竞争的激烈，该企业的老总想要通过寻找正确的机会来避开竞争，获得持续合理的赢利。恰巧，一个机会摆在其面前——某企业拥有另一家面包加工厂，希望能够用450万元的价格将加工厂转让给该企业。经过仔细地计算，老总发现，这家加工厂总资产在800万元左右，净资产在450万元，2010年净利润为77万元。另外，对方还承诺，如果该企业能够接手经营该工厂，还能够帮助他们拿到400万元左右的银行贷款。

经过仔细地计算，该企业老总发现，自身原先所经营的企业，净利润在10%左右，资产周转率和利用率都在1.2%左右，股东回报率接近16%。而接手新工厂后，新工厂无论在销售利润、资产周转率、资本利用率、股东回报率上，都要比原有的加工厂有更高收益。

基于这样的想法，该企业老总接手了这家工厂。在接手之后，他还通过了下面四个措施来提升企业的利润。

第一，提升单个产品的售价。在该企业的直营店面中，原有的面板产品单个售价最低只有1.3元，这个价格从华东地区的普遍生活水平来看，显然是很低的，企业领导层经过研究认为，最低价格起码可以提升到2元左右。经过价格提升，能够提升企业的销售收入，并直接带来利润方面的增加。

第二，降低固定成本费用。通过一系列的数据分析对比，企业管理者发现，新的工厂所带来的收益，远远高于原先经营的工厂。因此，该企业成功地将原先的工厂盘出去。这样，既能够提高整个企业的股东收益，也降低了固定的成本支出，而产品的销售量和整个企业固定成本之间的比例也达到了更好的平衡。

第三，加强连锁经营的管理，走低成本扩张道路。该企业老总认识到，企业连锁经营的模式是很容易复制的，而连锁经营带来的扩张管理，也并不难于操作。因此，在连锁经营过程中，该企业既做到了控制成本，同时，也注意到了对产品质量的严格管控、品牌塑造，从而对整个企业的产品进行不断的维护与提升，以达到更新的高度，对品牌影响力产生提振的作用。

第四，引进较为先进的管理范本，并积极提高管理的效益。这是因为，企业认识到店面、工厂扩大之后，会带来更多的新要求。因此，为了能够在管理上与时俱进，企业引进了国内外同类行业中的成功经营范本，并根据这样的管理范本，巩固原有的经营成果。另外，还希望通过研发产品、增加产品种类等，增强对不同客户的吸引力。

通过上述办法，该企业获得了比原先更好的利润收益。

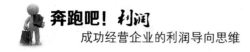
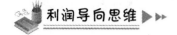
利润导向思维 ▶▶

1. 提前做好准备

分析案例中这家企业面对的背景可以知道，其所处行业正处在上升期。随着行业的整体发展，其中企业很可能会出现相互竞争洗牌的局面。这样的发展规律，尤其在服务和零售行业上表现得较为普遍——行业兴旺初期，产品价格普遍比较低，但随着经营的发展，各家企业都认识到，只要在产品上能做出创新，利润就会随之有所提升，而当利润真正提升之后，更多的企业就会进入市场，这样，原有的企业就面临着选择的难题——如何在市场分化的过程中，将竞争压力良好化解，并选择新的产品市场。

想要做到这一点，企业家就要提前做好判断，保证企业的发展眼光领先于市场整体发展，做到良好地预判竞争对手的战略规划，并寻找其中值得自己学习和借鉴的资源，采取模仿、学习或者干脆像案例中那样用收购的方式进行提前布局，从而避免在完全相同的条件下进行不利的竞争。

2. 寻找新的利润支点

在企业的规模扩张下，用重资产来扩张的道路并非完全不能考虑，但如果仅仅用重资产来进行扩张，就会陷入不断背负资产的窘境中，导致最后被越来越高的资产所拖累。

寻找新的利润支点，可以用其他更多的方法。例如，可以利用企业的管理模式，打造连锁经营，走好低成本扩张。这是因为连锁经营的管理模式有很大的复制空间，而成功的连锁经营，有利于在连锁经营过程中帮助企业发现新的赢利支点，并实现利润的复制、倍增。

或者采用新产品开发。企业完全可以利用产品的设计和开发来提升价格，从而更好地应对市场中的价格调整浪潮。

走出利润低谷

想要走出低利润的状态，企业必须要**有效提高产品的"质"与"量"**，而怎样达到这样的效果，是所有企业所有者和管理者最为关心的问题。

影响产品"质"与"量"的因素有很多，其中，和客户、供应商进行良好的沟通，可以保持销量上升，而且是影响销量和利润上升的重要环节。总体来看，加强客户和供应商之间的关系管理，能够加快企业的销售循环，提升客户的服务，实现客户收益的最大化。正因为存在这样的关系，企业管理者必须要在下面几个方向对产品的品质进行严格把关：首先，确保企业选择的供应商，能够确保提供质量过硬的产品；其次，通过和客户进行紧密的结合，提升产品销售对客户的黏度。

某建筑钢材加工企业走出低利润困境的过程，可以给企业家带来很好的激励和借鉴作用：

近年来，建筑钢材加工企业的竞争尤为激烈，而这家企业的经营状况，相对于其他同行来说也较为一般，目前，企业的年毛利润率大约为15%。

自改革开放之后，钢铁行业市场的供需变化变动很大，因此，在该企业建立之后的很长一段时间内，钢材定价模式主要根据市场的实际行情进行预期的定价，或者根据市场的变化进行灵活的价格调整。其中，钢铁厂在钢材定价上能够扮演主要的角色。然而，随着市场竞争的加剧，钢厂的定价主导角色受到了严重的挑战，价格调整周期开始逐渐加快。

实际上，在整个行业中，钢材的价格还受到原材料采购价格的影响、相关资源的影响和项目方资本强度等因素的影响。因此，价格变化的规

律，经常让包括这家企业在内的中小厂商及贸易商感到难以接受。该企业发现，利润空间不断被压缩，无法继续扩大规模。

根据这样的情况，该企业领导研究认为，对于产品的定价，主要应该是以市场的需求变化为依据。理论上说，该企业如果能够估算出某个产品在某个价格段销路比较好，就应该以此来提高产品价格；如果得出的结论说明产品销路并不好，就应该将这个类型的产品价格定得低一些。

另外，该企业产品的产出量和其客户的总体需求量基本上是相对等的，并没有出现产能不足的情况。因此，该企业也并没有做出产能提高的规划。

为了走出利润低谷，经过企业管理层的研讨，在保持现有资产或者固定成本不变的情况下，决定从以下三个解决方案中进行挑选：

方案一：提高主营业务产品定价。企业领导还设想通过关系营销、品牌服务的方式，建立起企业在该行业中对竞争对手的壁垒，然后提升高价产品的销售能力。这样的方案，相对于行业内其他企业来说能够带给该企业更大的利润，只要关系营销开展顺利，并拥有充足项目资金，产品利润就能够提高。

方案二：提高产品营销能力。这是目前该企业中存在的最大问题。该企业通过下面三个方法改变了营销状况。

第一，区分产品价格。该企业领导决定，对产品价格进行更细致的区别定价，这是因为企业中顾客的需求强度和对产品的认识不同，一些客户喜欢价格较为低廉的产品，而另一些客户则重视质量不重视价格。该企业领导按照这样的思路来区分客户，并在做好产品和定位的基础上，制定出了和市场符合的竞争策略，运用于企业的实际工作中。

第二，更快地搭建了整个行业的关系资源。该企业领导提出，在竞争异常激烈的市场中，企业想要发展和壮大，就必须先要拥有坚定的客户。因此，企业决定和客户之间进一步建立更好的合作关系。这种关系基础上的营销，能够帮助企业减少花费在对市场信息搜集的投入，还能够帮助企业扩大对市场的占有份额，并依靠客户关系资源获得更好的发展基础。

第三，积极提升整个企业的服务质量。该企业将优秀的服务设定为主要的目标，通过对客户需求满足的程度进行评价，来观察企业是否能够达成目标。这是因为，在竞争关系中，越来越多的企业对于服务范围和细节加以重视，并努力通过服务水平提高来换取客户的满意。因此，服务质量的要求提高，是营销的手段和模式，并能影响整个企业利润提升计划的效果。为此，该企业加强了对营销服务人员的培训，并通过加强区域代理模式来增进服务效果。

另外，在该企业以往的企业产品销售中，长期采用直销方式，有鉴于此，该企业引进了一批能够带动关系营销、服务水平的代理商，拓宽了产品的营销和服务渠道。

方案三：加强和供货商、客户之间的有效沟通。通过这样的沟通，加快了供货商的生产流程，并缩短了应收账款的周期，提高了企业资金的流动速度，从而提高了企业自有资金的使用效率。另外，通过和客户之间进行的积极沟通，不仅能够让产品销售更加顺畅，还能够有利于拓展企业未来的营销管道。

利润导向思维 ▶▶▶

通过对该企业案例的分析，可以发现，采取改善服务质量、和供货商进行捆绑、加强客户沟通等经营方法，实际上值得更多企业的学习。面对同样的利润下降情况时，在实际运用方法的过程中应该注意下面的问题。

1. 和供应商构建双赢关系，确保产品质量等各方面要求达标

在企业处理供应商合作关系的模式中，双赢关系是一种良好的互动模

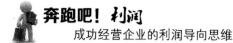

式。构建这样的模式，对于企业进行精准化采购和降低成本，都是非常重要的。只有建立了良好的供需合作关系，企业在产品质量、采购需求等方面的要求才能得到有效地满足。

当然，建立双赢合作关系，意味着和供应商互惠互利，这才是巩固发展双方关系的保障。很多情况下，供应商规模比较大，会对企业的要求和利益并不在意。因此，企业必须要对供应商进行结合实际的选择，从而避免被大供应商所控制，影响到企业自身的利润提升。

2. 代理人销售利弊控制，确保从根本上提升产品竞争力

虽然采取代理人销售能够在相当程度上提升销量，但企业应该注意到，如果管理不善，就会出现企业利润被代理人挤压侵占的局面。企业不妨和客户进行更大结合，考虑将企业的加工项目主动直接和客户进行合作，减少中间的链条环节，并做到和客户更为紧密的捆绑。这样，企业就能发现，向一个个客户推销产品并非最快的方式，而采取中间人代理的模式也并非高效，通过业务打包的方式，为客户供应其需要的产品，则可以将竞争压力降低。

采取这种方式，能够直接将客户的需求变成企业的"仓库"，企业自身的生产加工效率可以获得提高。另外，减少了中间环节，企业也可以为客户节省开支，并弥补对方在原材料采购上的漏洞，获得客户的欢迎，让企业和客户之间的关系更加紧密，而企业面对的压力也会大为减弱。

第五章

营销定位：建立利润金字塔

打破惯例，树立新标准

行业惯例，是指在企业和客户进行交易的过程中，经常不得不面对的实际规则。这些惯例是强加给企业的，并非企业所能够自主选择的。这种惯例通过行业形成，而并非只是企业自身决定。这种惯例意味着，如果企业不能按照既有的行为规范办事，就很可能因此而放弃对利润的获取。

然而，正是因为众多企业都容易陷入行业的惯例作用中，就容易产生惯性思维定式，导致其产品和服务不断接近同质。在这样的氛围中进行相互竞争，自然会导致企业的生存受到限制。但是，企业如果能够**积极改变自己的经营管理模式，打破行业惯例**，如进行积极创新、设立新标准，就能够从原本狭小的竞争圈子中脱颖而出，获得高于行业平均水平的利润。

通过对美国卡马克斯公司如何打破行业的管理，运用好突破惯性思维的方式，能够发现他们是如何改变自己原本所处市场的标准，并进一步带来竞争格局的改变的。

在美国，很长时间内，旧车的市场交易处于较为微妙的局面中。一方面，北美的旧车每年销售额超过了 2000 亿美元，使得该产品成为了食品、服装之后的第三大消费领域。但另一方面，这个市场并不受到人们的尊重，人们认为，只有那些缺乏购买能力的人才会购买旧车。结果，这样的矛盾使得汽车生产商、销售商更加愿意销售新车，而不愿意进行旧车交易。

然而，在这样的市场惯例背后，许多企业家们往往忽略了这样一个事实：尽管有许多销售商只愿意销售新车，但是，新车销量却比不上旧车销量。同时，小型轿车和货车的旧车需求量的增长是最快的，但本来应该和这些产品相辅相成的旧车交易行业却并没有办法适应整个市场中客户的

需求。

另外，想要购买旧车的客户，还会受到其他不同行业惯例的约束。这些惯例其实没有什么必然性，但都是约定俗成的。例如，一般消费者都会在报纸上看到和旧车出售有关的信息，并通过其中的电话号码和售主联系。经过一番围绕车况、价格的接触和谈判，然后才会约定看车时间、付款过程、提车交车等相关事项。但是，不少买主会发现，真实情况和自己想象的并不一样，他们最终看到的车和自己所听到的介绍非常不同，车主做出的承诺经常无法兑现。可以说，买车者因此而承担了较大的风险，在行业惯例之下，他们付出了很多精力、时间和体力，也付出了金钱成本，但最终拿到的却是问题车。

即使规避了上面的风险，对于买车人来说，购车的过程也相当麻烦。一般来说，从找到中意的车，到准备资金和保险，再加上对方的种种销售手段等，让买主防不胜防。

针对这样的行业惯例，卡马克斯公司已注意到，其企业领导者认为，只有打破惯例，才能发掘出利润。

为此，该企业果断出击，建立了规模非常大的旧车交易市场。在这种打破既有惯例的交易市场中，企业集中了数千辆旧车，这些车分别属于不同品牌、不同款型、不同价格档次、不同使用年限，从而给客户以充分的挑选空间。另外，该企业还通过高效的信息化建设，使得顾客不仅能够通过电脑去查询自己所在商店的库存情况，还能够了解其他商店的库存情况。另外，卡马克斯还向购买汽车的顾客提供承诺，只要汽车行驶没有超过250英里，就允许他们在五天内无条件退车。

另外，为了能够有效刺激人们购买二手车的愿望，该公司还推出了旧车消费贷款和保险业务。只要是从公司购车的客户，也可以出售自己的旧车，这样的两笔交易可以相互独立在公司内部处理。

这样一系列的举动打破了旧车交易的惯例，使得顾客的购车风险获得有效降低，吸引了大批顾客，也提高了利润。可以说，卡马克斯公司正是通过众多创新手段，使得其树立了更新的标准，能够比传统汽车经销商采取更快速度来周转旧车，并获得更多销售额和利润。

在考虑利润增长的同时，企业家应该看到，打破行业管理，能够成为赢利战略的最有效办法。事实证明，企业和行业的惯例始终在那里，而寻求打破惯例的机会也在那里，这些惯例一旦被打破，就能够为企业带来快速增长和提高的机会。当然，这样的机会并非可以由其他公司去代替完成，它需要的是企业真正身如顾客，亲自寻找机会来进行创新。

利润导向思维 ▶▶▶

我们有必要了解顾客对于惯例的想法。

为了发现类似案例中卡马克斯公司所寻找到的利润增长的机会，企业管理者需要去具体了解客户的心理，去探询客户的想法。管理者可以提出诸如此类的问题：身为消费者，你是否意识到自己正在忍受那些强加于你的行业惯例？你是否觉得这些惯例存在不妥的地方？这些惯例会不会影响你的利益？你希望如何改变这些惯例？

1. 尽早制定行业标准

在一个并没有完全成熟的行业中，如果企业能够让自己获得应有的先进性和竞争力，就应该尽可能让企业参与到行业标准的制定中。这样，企业就能在行业中占据更为有利的位置。

当自己企业的标准能够成为某类行业标准之后，就能够获得比其他企业更高的利润。这种高度的利润保护能力能够使企业在未来很长时间处于行业中的领先位置。

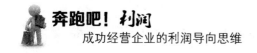

2. 在已有的行业标准基础上不断改进

当然，在已经具备了行业标准的领域中，企业需要做的不是马上挑战，而是尽量积累之后，再改进生产工艺，并加快产品的开发速度。这样，当企业标准超过行业标准之后，再进行推广，找准时机向旧标准挑战，最终找到话语权。而如果目前企业已经是行业标准的制定者，也并非意味着该企业就能够高枕无忧，反之，企业应该经常对标准进行更新，从而使自身的标准能够比行业标准更高，从而保持领先地位。

让你的产品更有价值

竞争之所以残酷，是因为企业之间的竞争，能够让越来越多的产品和服务不断被推广和普及，最终随着时间推进而变成普通的商品。同时，新的产品和服务不断出现，成长为富有竞争力的商品，提供新的利润。当新的企业通过学习和模仿，提升了自己的生产和服务能力之后，你会很快发现，类似的产品或者服务很容易被其他竞争者提供，而且标价更低。

可以说，在这样的信息社会中，市场里产品和服务价格的下降是很迅速的。如果想要不断获得更多利润，企业应该设法**对价值进行创新附加**，即对企业的产品利益、服务利益和价格水平进行更多组合设计和执行。在这样的过程中，人们能够看到，那些可以赢得竞争中的优势的组合，来自企业领导者对于目标市场需求和期望的精确把握，也来自经理人能够真正投入地为客户思考的态度。

不少公司都通过重新组合产品、服务和价格，获得了大幅度的利润增长。其中，也包括金宝利斯这样的著名企业。

伯特克雷兹在 1988 年创办了金宝利斯电影院，这家电影院并非只是普通的电影院，也不是那种一般的多幕电影院。作为改变当时市场的电影院，它拥有25个屏幕、7600个座位席，堪称超级电影院，能够提供给观众非比寻常的体验。

早在20世纪七八十年代，比利时的电影院产业在电视媒体和录像带租赁行业的冲击下，开始不断衰退，人均去电影院的次数从每年8次下降到2次，而到了80年代，许多电影院都宣告倒闭。

在金宝利斯开业之前，许多电影院老板发现，自己是在日渐萎缩的市场上竞争着的。所有人采取的竞争手段都差不多：将电影院分割，变成许多小放映厅；为了增加观众，放宽放映限制；对饮料和食品的供应进行改进扩大；增加每天的电影放映轮数，等等。

但是，当金宝利斯开始营业之后，很快就在第一年内赢得了整个市场50%的份额，并赚取了高额利润，它是怎样做到的呢？

金宝利斯在硬件上和一般电影院有很大区别。传统的多屏幕电影院只有较小的空间，100个座位，7米长5米宽的银幕以及35毫米放映设备。但金宝利斯却拥有700个座位，这样座位之间就有很大空间，方便观众出入走动。另外，座椅也是特大而且拥有独立扶手的，地面则是斜坡状的。在金宝利斯，屏幕有29米长10米高，并且是被安放在不同基座上，避免声波之间的相互干扰。其中，许多放映厅的放映设备是70毫米的，而且采用了现代化的音响。

在选址上，金宝利斯也向电影放映业的传统观念做出了强有力的挑战，它无视之前的电影院都选择位置接近市中心地段的商业区这一事实，转而将电影院建在离城市中心有15分钟路程的环城公路上，这样，观众们的停车条件得到了很大改善。不仅如此，这一概念打破了行业中原本的成本结构，要知道，金宝利斯没有增加票价，提供的服务却如此高端，是因为他们每个座位的成本比起一般的影院要少一半多。其成功的秘诀还在于其地处郊区的地理位置优势以及规模之大带来的采购优势，同时，包括和

电影发行公司的谈判资本以及数量带来的总利润。另外，金宝利斯赋予服务的价值，在比利时市场产生了很好口碑，让它几乎不需要付出什么宣传成本。

因此，在这个参与者普遍觉得市场份额缩小的行业中，金宝利斯反而获得了丰厚的利润。之所以能够获得这样的机会，在于该企业能够将产品的价值进行及时的补充和更新。他们正是在电影院经营和服务的每个关键点上都超过了自己的竞争对手，才得到了业绩的改善。

利润导向思维 ▶▶▶

相信很多人都有这样的感觉，同样是看起来差不多的产品，在地摊上出现，只能带给经营者十几元钱的利润，而当它们有了品牌价值，放到商场或者专卖店里面，就会带来成百上千元的利润。不得不承认，在产品供大于求的市场中，谁能够为产品附加更多的价值，谁就能取得更多的利润。而在产品和服务越来越接近的情况下，靠降价对客户产生的吸引力，显然没有靠提升价值带来的吸引力大。下面的方法，可以帮助企业家有效提高产品的价值。

让品牌更有价值

1 通过环境和氛围来提升产品价值
2 对价值进行量化
3 用材料和工艺来提高产品价值
4 善于打造稀缺性
5 打造品牌价值

1. 通过环境和氛围来提升产品价值

很多人都清楚，同样是一杯咖啡，在原材料、口味和杯子大小都相同的情况下，在饮品店卖 12 元，店主利润是 5 元，而在星巴克卖 38 元，企业赚 30 元。星巴克之所以能赚到更多利润，是因为企业并不仅仅卖咖啡，而是在将一种咖啡文化卖给白领阶层。星巴克将环境和氛围放到了产品之上，才提高了产品的价值。同时，星巴克也没有简单地利用价格来竞争，而是力求创造更好的环境体验，这就意味着他们的收费会更高，而利润也更丰厚。

2. 对价值进行量化

同电影院一样，如果企业给予用户的产品价值无法量化，那么，客户很难相信你。选择用数据来说话，能够更好地打动每个客户。企业应该从实际价值和心理价值两个方面来进行量化。例如，通过产品，能够为客户增加收入或者减少支出，这就是实际价值。而心理价值则包括你能带给客户某种快乐感或幸福感，能够满足他们的心愿。

3. 用材料和工艺来提高产品价值

企业如果想要提高产品价值，还应该采取与众不同的材料和工艺。当这些材料和工艺具有了其他竞争者无法企及的特点之后，你的产品价值也就不言而喻了。需要注意的是，企业应该选择好特殊材料和工艺的"切入点"，通过这些切入点，可以将材料和工艺的特点同客户的需求密切连接并难以取代，这样，企业产品在对方心中的形象也就更加高大并富于价值了。

4. 善于打造稀缺性

很多产品之所以没有获得高价值，在于类似产品越来越多。想要获得产品的稀有性，企业应该在两个方面做文章。一方面，应该善于发现新市场并进行积极推广，在新市场看来，旧市场已经厌倦的产品同样受到欢迎。另一方面，企业家还应该积极去发掘产品与众不同的地方，包括产品的功能和功效等。

5. 打造品牌价值

品牌并非仅仅是产品标牌那么简单的事物，它包括了对产品的认同态度和使用者的气质习惯，代表了使用者的情感需要，这就代表了产品的品牌价值。这种价值通过让用户进行不断的了解和认知，让产品获得了粉丝的支持和拥护，成了他们眼中物超所值的价值来源。

定制"个性化"产品

在竞争激烈的市场中，企业有着主要的发展目标：更低的生产成本、更为优质的产品和能够提供更大价值的顾客。企业如果想要获得持久的竞争优势，必须要依赖于企业可以为顾客提供的其他竞争者所无法创造的价值。这就要求企业内部必须具备独特的生产经营方法和独有的能力，其中，能够打造出让顾客不同需求都可以获得满足的个性化产品和服务，是衡量上述方法和能力的重要因素。通过这样的**个性化产品和服务**，可以实现客户价值的最大化。

综观传统大规模生产模式，虽然其过程或多或少实现了低成本的目标，但是，想要依靠这样的成本来生产所有产品，并满足所有的顾客需要，显然无法实现企业对市场价值最大化分享的目标。忽视顾客个性化要求的做法，常常会导致顾客忠诚度的降低，并会由此带来市场份额的丧失和利润的减少。因此，不少企业都不约而同地将自身发展的目标有所转移，转接到特定市场上，寻求企业竞争的优势。这些企业会先选择特定的目标市场群体，然后为他们创造独特的价值，从而加强自身的信誉。这样，它们能够通过在生产过程中以整个过程中的效率为中心进行提高，在研究和开发产品与服务的过程中将不断创新作为方法，在市场竞争中以通过不断去满足顾客需求而获得更高利润为目标，在财务上以对企业管理者和员工都有充分用途的信息来作为载体，从而彻底扭转原有的大规模生产的局限。这样，新的竞争模式——定制模式的产生就此奠定基础。

所谓定制产品，是指企业对顾客个性所需求的产品和服务进行个别化的大规模生产。这种生产能够基于大多数用户都能接受的价格来提供差异化的产品，可以说，这是一种崭新的获利方式。通过将大规模生产、定制生产这两种表面上截然不同的生产模式进行有机结合，既能够满足顾客的个性化需求，又能够提升企业的经济利润。

个性化定制生产或服务的基本思想基于下面的理念：通过对产品结构和服务过程的重组，充分运用现代信息技术、新材料技术等制造技术，将产品的定制生产问题进行全部或者部分的转化，成为批量生产。这样，就能够以大规模生产的成本，发挥其速度，为不同的顾客去定制他们所需要数量的产品。

从企业自身发展的需要来看，这种个性化的定制可以为企业带来不同方面的竞争优势。

例如，如果能够准确地按照顾客要求定制生产的产品能够很好地满足顾客需求的话，就能够增加企业的销售量；又如，企业的定制产品如果对顾客有更高的边际价值，那么，定制产品就有可能获得更高的溢出价格，从而为企业赚取更加丰厚的收入与利润。

有学者研究发现，这种个性定制模式中，起码有四个方面的创新环

节，可以促使大规模生产和定制化生产同时实现包括：原材料和部件及时发送并生产，能够减少企业生产中间的等待过程，从而有效降低了库存的成本；通过减少企业生产前期准备和转换的次数，直接降低了企业运行过程中的浪费和各项成本；加快了价值链条运行中所有过程的循环速度，从而避免了因为增加个性化生产和服务而造成的浪费；按照订单需求来进行生产，而不是提前进行预测生产，通过订单来提供个性化的定制所必需的信息，这样，就能够准确降低库存的成本，并消除生产的不足抑或过剩现象。

实际上，在市场竞争中，许多企业已经在不断采用个性化定制的生产方式来生产产品。例如，戴尔公司就是依靠这样的生产方式崛起而冲出竞争的重围；百丽工程建筑公司，甚至做到了为客户定制建筑物。百丽工程建筑公司能够做到让自己的每个工程都专门为客户而定做。除了客户要求之外，百丽不会去销售同样的建筑工程。相反，这家企业会按照不同客户的个性化需求，采取模块化的技术、可变形的面板和附件，按照不同的方法将材料组装起来，并大规模定制出不同的建筑结构。这些结构包括走入式冷藏冷冻室、独立的户外建筑、可控环境房间、冷酷建筑、鼓风房间等。正因为该公司实施了个性定制方法，在经济衰退导致建筑业遭受了严重打击的情况下，该企业的市场份额和总体利润依然能够不断缓慢增长，并获得了行业内外的赞赏。

当然，最让人注意的并非百丽企业的产品，而是该企业究竟是如何取得销售业绩的，而该企业接下来是否能因此而朝向更好的方向发展。想要了解并学习这些，就有必要了解历史，并观察百丽公司在实现这种大规模个性定制的过程中有着怎样的巨大变化，进行了怎样的改进。

百丽工程建筑公司成立于1933年，是专门承接定制工程的建筑结构制造商。发展到1970年，由于建筑行业的发展已经日趋饱和，许多企业将价格竞争当成竞争的主要方式，而百丽则选择了不同的竞争方法：将公司的业务从零售转向大规模的生产——过去，企业将一份客户的订单作为单独的工作来处理，现在，则对每一件工作进行计划，并决定每个月具体生产的面板结构数量。这样，就能做到最终将准备时间缩短，从而将建筑成本缩短，并降低成本和价格，以便赢得顾客信任。

大规模的定制生产方式，使得百丽在短时间内获得了很好的利润，并在市场上充分保持市场份额。后来，百丽公司被阿勒格尼国际集团所收购。到1983年，该公司负责管理百丽的领导者派拖西尼发现，在百丽表面平静的经营下，也存在着不少缺陷。例如，首先，百丽公司的成本结构比起其他竞争对手要高很多，这样，产品和过程的创新就会有所停滞；其次，市场上的饱和压力始终困扰着行业，导致百丽的年收入每年在以2%的速度长期和稳定地下滑；最后，竞争的加剧，导致价格不断下降，也给百丽的成本结构和利润收入带来了很大压力。因此，派托西尼认为，如果百丽公司继续采取目前的经营方式，尽管还有技术上的优势，但最终也只能面临被淘汰的命运。

于是，派托西尼决定，从百丽自身的工作优势出发，进行充分的变革，并扭转百丽的经营局面，从而将百丽变成世界级别的建筑工程制造商。从具体方面来说，就是打造百丽公司在面板、扣锁和冷藏材料方面的独特优势，从而重新细分目标市场，并做到了解客户不同的个性需求，同时，利用百丽自身的独特技术优势来开发新产品，从而让客户的个性化需求获得满足。利用百丽所具有的规模化生产优势，就能够做到比其他公司速度更快、成本更低。

例如，派托西尼采取了90天计划，即针对百丽管理过程进行改革。每隔90天，他就会召集企业的管理团队进行会议讨论，并确定要改变的目标和计划。这样，定制文化就日益深入了企业的管理层文化。

其次，派托西尼还提出，制造业面临着数据和信息的挑战。为此，该

企业进行了一系列的改革，使得工人能够及时地得到需要的信息。在 1983 年，百丽就安装了一个制造软件信息系统，从而及时地将建筑工人需要的信息用计算机的方式送到其手中。通过这样的办法，百丽不仅仅简单地将工作过程信息化，而且用计算机信息系统对管理过程进行了重组。

经过这样的变革，百丽逐渐成熟和壮大。客户能够做到直接向企业进行建筑结构的定制，而百丽的出货速度也要比标准化生产的竞争厂家更快。越是复杂的建筑结构，百丽所领衔的差别就越大，这样，他们的产品价格也就更高，获得的利润自然更加丰厚。

利润导向思维 ▶▶

采用大规模个性化定制生产模式的企业还有很多，他们大都从中取得了利润优势。想要成功做到这样的生产模式，需要企业做好下面的准备。

1. 积极收集客户的喜好和需求

个性化定制产品，需要迎合消费个体的审美标准，因为个性化意味着个人色彩很强的材料和产品。因此，企业必须要积极调查不同客户在不同层次上的追求特点，并寻找其中的共性和规律。通过广泛接触和了解市场、专门地观察客户以及深入地进行调查，才能发现客户的与众不同，并用以指导企业自身做出不同的应对方式。

2. 利用好信息技术

企业想要做到大规模个性化定制产品，除了自身生产和服务的技术高低很重要之外，对企业内部信息技术的要求同样也很高。这就需要企业结合经营服务的系统搭建，打造好内部的信息交流沟通系统，做到第一时间就能够将信息传递到生产和服务的终端，将经营过程中的每个环节充分联系在一起，确保能够做到高效和高质。

3. 加强员工和合作者的培训

个性化定制的大规模生产，对企业员工的个人素质和能力也有着较高的要求。在企业内部，不仅需要将企业内部的生产者进行连接，还应该将销售商和供应商同企业进行有效连接，并共享个性化信息。这就需要企业积极培训员工和合作伙伴，而并非要求他们按部就班地机械工作，企业应该要求他们能够形成自己的看法、特色，并形成充分的智力资本，从而改进经营，并实现共同目标。

品牌营销做乘法

品牌营销的乘法模式，是一个著名的利润倍增的赢利模式。如果能够成功地运用好这样的模式来经营，企业就可以采取不同的形式，从某个产品或者产品形象、产品商标抑或产品服务中，不断地获得新的利润。这意味着，**当企业投入巨资并创建强势品牌之后，消费者就会在不同的产品和服务过程中认同这样的品牌，并对之进行消费。**

在中国互联网经济的发展历史中，腾讯的发展模式显然利用了品牌营销的乘法模式，并获得了令人瞩目的成功。虽然腾讯利用品牌营销的过程有着其特殊性，但是，其发展经验还是对于其他企业领导者有着相当的借鉴意义。

腾讯是中国创立最早和最成功的互联网企业之一。1998 年 11 月 12 日，马化腾和张志东共同成立了该公司，首先推出了无线互联网寻呼产品服务。经过十余年的发展，这家公司已经成为中国利润最丰厚的互联网专业公司。

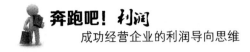
目前，腾讯的业务横跨即时通信、网络游戏、网络社交、互联网增值服务、生活服务、网络金融、门户网站等多领域，有着多元化的收入来源，并在多领域业务迅速增长。追溯其原因，在于近年来腾讯利用自身的知名度和品牌效应，采取多系列步骤不断扩大自身经营版图，突入其他互联网公司原有的业务范围，并实现遍地开花的增长方式。

例如，通过在 QQ 软件中捆绑游戏，腾讯在 2009 年二季度就超过原来的网游领军企业盛大，成为国内最高营业收入的网游运营商；通过搜索引擎和电子商务服务，和百度、阿里巴巴相抗衡；旗下的门户网站 QQ.COM，浏览量也不断上升，成为最大的综合门户网站。

从一个原本是免费的即时通信软件，到 2013 年总营业额为 99.13 亿美元，净利润为 25.43 亿美元，腾讯获取利润的方式值得探讨。其主要赢利模式有以下几种：

首先，以 QQ 会员、QQ 秀和 QQ 空间作为代表的互联网增值服务业务。例如，QQ 会员服务在 2000 年 11 月推出后，用户可以选择支付每月 10 元的费用，就能够享有比一般 QQ 服务更多的额外服务，从而体现出自己在身份上和一般用户的不同。这样，能够持续提高 QQ 老会员的黏度，并吸引更多用户加入。同样，QQ 秀和 QQ 会员也通过销售虚拟道具等来实现赢利。

其次，以移动 QQ、图片铃声的下载为主的增值业务服务。通过这样的服务，用户可以利用移动电话和互联网上的 QQ 实现连接，进行实时通信。而腾讯更是和中国移动、联通的若干分公司、分支运营商订立了协议，能够直接预装移动 QQ 或其他软件，并在短期内获得了电信增值服务收入。

再次，利用 QQ 这样的即时通信客户软件来投放广告。通过向广告商展示定向投放、集中推广等优势，腾讯将 QQ 客户端、门户网站、搜索引擎等作为广告载体来进行广告业务的推广，并从中获取利润。

最后，腾讯的拍拍网和财富通也能够获得买家和卖家或多或少的资金。随着不断增长的用户数量，这样的总资金成了不需要支付利息的贷款，也是腾讯获得融资的好办法。

另外，QQ卡通品牌的外包，则成为了腾讯特殊的利润来源。通过和服饰商进行合作，腾讯推出了QQ品牌的专卖店，并推出了独立衍生品牌"Q-GEN"，通过这样的品牌外延，发展纵深产业，扩大了自身的品牌影响力，并从中分享到利润。

在腾讯看似令人眼花缭乱的赢利模式中，品牌营销乘法的特点尤其明显。通过长期投入打造出QQ这样的品牌，让全国上亿的用户了解、认同这个品牌，就能够利用不同形式，从QQ这样的品牌上不断获得利润。以企鹅Q仔作为标志，先是做好即时通信，然后利用这样的用户基础，再去不断开发浏览器、音乐播放器、电商、在线社区和互联网金融等，赚取更多的利润。

腾讯获利的过程，其实就是对自我品牌不断地重复描述、使用，并赋予其创造利润的能力。在QQ最初产品的基础上，开发一系列产品，拥有了十分准确的定位，并能够和其他企业进行优势互补、不断联合，不断创造利润，不断开发新战略。

利润导向思维 ▶▶▶

通常，品牌乘法模式的成功，在于企业能够拥有一个强大的消费品牌，通过其强有力的品牌影响力，从而获得持久的客户忠诚度。这样，客户会爱屋及乌，并对整个企业其他的产品服务都投入更多关注、认同和购买行为。

1. 相关领域和跨领域

如同案例中的腾讯一样，基于品牌影响力，这种乘法模式具有很大的

复制能力。例如，海尔公司正是先在冰箱行业中拥有了充分强大的品牌，然后才复制到彩电、小家电、手机、洗衣机等方面，并获得成功，从而利用自身形象重复获取利润。当然，企业也可以将这样的模式发展到不同行业中，进行跨领域的渗透。

可以说，强大的相关领域品牌，是整个营销乘法模式发展的基础，而向不同领域进行延伸发展，则是具体的乘数，两者进行乘法产生的结果，就是企业能够获取的丰厚利润。

2. 必须做到一定的平衡

当然，品牌乘法营销也有着一定的局限性。这是因为，品牌能够具有影响力的范围是一定的，而不是无限制的，如果进行无限制乱用，就会导致品牌被稀释，而难以强化利润获取。

因此，企业必须要注意在使用品牌进行营销时，做到攻守平衡。

攻，意味着企业应该积极地对公司的形象进行提升，并提升品牌的营销力度，提高品牌在市场中的影响力，加强用户的忠诚度，提高产品的美誉度和知名度，并提升企业品牌的价值和内涵，从而打造出具有充分影响力的品牌。

体现在守的方面，企业应该对品牌进行控制使用。具体表现在严格限制品牌的过多、过度使用，守住企业的品牌价值，要求利润乘数的工作模式，必须要能够增加品牌价值，而不能导致品牌价值的稀释。因此，企业对于品牌的保护至关重要，在进行乘法营销的过程中，应当尽量避免将其使用到有可能威胁到总体利润增长的范围中。又如，企业对有关品牌授权的合作也应该尽量谨慎、宁缺毋滥。

定位重在细节，控制好价值链

价值链，是哈佛商学院迈克尔·波特教授最先在研究过程中所提出的，其含义是指企业从开始创建，最终到投产经营过程中，所经历的一系列工作环节和执行活动。

价值链并非仅仅是工作过程中独立活动的综合，还是由工作中相互依存的活动，所形成的一系列价值系统。这种系统内部的活动，是由价值链内部的不同环节联系起来的，基本活动之间、不同的支持活动之间及基本活动和支持活动之间，都存在着联系，这些联系体现的是某一价值活动进行的方式和成本，而企业之所以能够获得高利润，则是来源于这样的方式和成本。

价值链相关的联系，不仅存在于其内部，同时也存在于企业价值链和供应商、客户之间。这是因为，供应商、渠道、客户之间的不同活动所进行的过程，能够影响到企业活动的整体成本或者利益，反之，企业的整体成本或者利益也能影响到价值链的进程。具体来看，供应商能够为企业提供不同的产品或者服务，而销售渠道则可以通过为企业产品提供流通塑造价值链，企业产品则表示客户价值链的开端。因此，这些不同的活动和企业本体价值链之间的联系，都能够增加企业的利润优势。

企业领导者和管理者应该高度关注企业价值链的内外联系，对于这些联系进行不同的规划和控制，从而提供应有的成本优势，同时，能够以此为基础来组织产品或者提供服务，并和其他竞争对手实现差异化，从而获得高额利润。关于竞争者，即使能够仿效到强企业的某些活动或者行为，但却难以抄袭到价值链本身的内外联系。

在控制价值链并做好细节引导方面，可口可乐公司是典型的成功者。

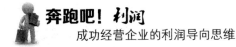

　　最早的可口可乐，只是药房里将可乐糖浆和碳酸水进行混合之后形成的饮料，从1894年开始，这种饮料以瓶装形式出售。真正让可口可乐获得成功的，是两位律师，他们来到公司老板简道宁的办公室，提出了一种合作方式，即由公司出售糖浆，由他们来进行投资生产并进行销售。

　　老板简道宁同意了这样的要求，很快，生产可口可乐的工厂遍地开花。在第二次世界大战以前，可口可乐采取瓶装销售的办法，占据了大量的市场份额，而在第二次世界大战之后的几年中，可口可乐将竞争者百事可乐甩在身后，并占有了接近七成的可乐市场。

　　然而，到了20世纪70年代，可口可乐发现，自己的市场份额领先地位下降了。原本，可口可乐的主要销售渠道在食品零售店，随着大型的超级市场连锁店开始兴起，打击了他们在饰品店、饭店和自动售货机的销量，相反，百事可乐获得了超级市场连锁店中的不少利润。

　　百事可乐有着大量的大型装瓶商，他们还有着定价上的优势性和灵活性，并在超级市场连锁店中获得了优势的份额。与此相比，可口可乐的装瓶商都是各自独立经营的，有着不同的成本结构、不同的利润水平，这些装瓶商人之间很难达成统一的价格，这恰恰是超级市场连锁店所不能容忍的。就这样，百事可乐在超级市场方面的份额已经不亚于可口可乐，而对整个市场的占有率也上升到了24%，到了1980年，可口可乐的市场占有率更是被拉到只有9个百分点。

　　为了获得更多利润，重新拉开和竞争对手之间的距离，可口可乐必须重新建立利润模式。这意味着，可口可乐必须要和装瓶商之间形成不同的关系，即变成战略合作关系。1981年，担任首席执行官的郭斯达开始将可口可乐公司定位成为制造商，并打算让其拥有控制销售渠道的战略能力。

　　为了和装瓶商建立良好的战略合作关系，可口可乐公司修改了特许协议，并同意向那些最大的装瓶商出售浓缩液来作为条件；另外，可口可乐还对装瓶的网络进行改变，鼓励那些经营情况不佳的装瓶商对经营权进行出售，这样，特许经营权中的所有权开始大量改变。而可口可乐实际上也在改变过程中发挥作用，并为新的装瓶商提供资金，或者占有股份。到了1986年，可口可乐公司获得了最大的两个特约经营权，这两家公司经营权的获得，使得可口可乐自身能够拥有38%的装瓶产量。同一年，可口可乐装瓶商控股公司成立，对大型装瓶商进行控股。

除此之外，可口可乐和自己的供应商进行了销售渠道上的谈判，通过统一分销、原材料采购对成本进行降低，这样，每箱可乐的售价降低了2.5%。

随着上述价值链的控制，郭斯达重新带领可口可乐控制了碳酸饮料市场，同时，公司高层逐渐认识到国际市场的潜力。随之而来的是，公司建立了强大的跨国企业架构——在国际市场，他们将会和若干大型的装瓶商进行合作，而并非建立美国模式的那种控股公司。到1990年，可口可乐公司在欧洲、澳洲、南美洲和亚洲建立了强大的装瓶商网络。

在饮料行业中，价值链条包括浓缩液、装瓶、库存、分销、零售、客户等，而其中的关键细节在于装瓶环节，可口可乐公司正是抓住了这样的环节，才实现了自己的丰厚利润。

利润导向思维 ▶▶▶

为了开始将客户当成中心来进行营业思考，企业管理者必须要学会控制价值链，并对价值链进行改造。

传统的价值链，从企业资产和能力开始，然后投入原材料、产品、服务、销售，最终才是客户。这样的价值链从资产转化成为产品和服务，并满足需求。但如果想要控制好价值链，就应该学会将这个过程进行反向思考。

不妨像可口可乐公司那样，将客户的需求作为第一个环节，思考他们

的需要和偏好，并寻找适合的方式，随之了解适合方式的产品和服务，最终推向投入要素和原材料，并了解其关键资产和核心能力。

1. 观察价值链，发现重要细节

每个企业都有着不同的价值链，企业管理者不应该将价值链当成完全相同的管理对象，而是应该结合自身的实际情况，集中企业的资源，对价值链进行深入的解读，从而发现其中具有一定优势的战略环节。这样，企业就能从对价值链的改造中，获得真正的核心竞争力，并能够放弃其中的劣势环节，赢得充分的竞争优势。

2. 对价值链的不同层面进行评价

在价值链的整体中，不同层面的细节作用尤其需要企业管理者真正重视和评价。例如，供应商价值链的重要性在于其提供的材料在质量、成本和性能上对企业产品有怎样的影响，会改变企业产品的哪些特点；而下游渠道商的价值链，其重要性体现在对顾客支付价格的影响、对消费者满意度的影响等。

当企业能够结合不同行业来对价值链不同层面进行评价时，企业就能从这样的评价中获得下一步行动的方向。

预测客户实时变化的偏好

想要提高企业产品或服务在客户眼中的价值，其重要的手段在于用这样的产品或服务去满足客户不断变化的偏好。

所谓客户偏好，是指客户认为重要的需求。为了这样的需求，客户愿意为之付出更高价格，一旦这样的需求无法在企业的产品或服务中获得，他们就会投向企业其他竞争者的怀抱。

当然，决定客户偏好的因素是很多的，其中包括购买原则、决策程序、功能型需求、消费者经济学等客观因素，也包括客户情绪、客户喜好、客户权利、客户购买时机和购买行为等主观因素。

在考虑如何去满足客户偏好之前，企业家应该了解，上述每个因素都有可能影响客户偏好。因此，为了真正达到对客户偏好的满足，企业管理者必须要**通过适当途径去提出适当问题**。这是因为，在企业面对的客户群内部，绝大多数都是复杂层次的，很少只有一个客户或者一个大客户的情形，而是会有很多客户分散在客户群体中的不同层次。

1975 年，多纳休成了芝加哥美登制图公司的销售员，从那时开始，他就在思考如何去满足客户不断变化的需求，直到他后来成为这家公司的总裁，依然坚持围绕客户的实时变化来进行领导工作。

多纳休成为该公司的领导者后，很快结合过去他在公司工作中所发现的问题进行改革。美登公司在他的领导下，依然承接那些宣传品的印制合同，但是，公司开始改变方法，只印制并分发和实际需求数量相同的宣传品，这样，既为客户创造了价值，又为他们节约了成本。为此，企业必须要努力了解不同客户企业的运转情况，并对自身产品如何使用有所掌握。这样，企业才能明白，怎样做对客户才是有意义的，并借此向客户提出建议。

逐渐地，多纳休将宣传品印刷和管理计划的管理纳入正轨，而企业业务也逐渐集中到那些在各自行业中数一数二的公司。

促使公司作出这种改变的关键思想是，印刷本身是以产品为中心的，而这个中心则受客户不断变动的经济规模和生产能力的影响。但是，一般的印刷商们总是希望不断扩大规模、产量和份额来卖出更多产品，但这样做不能永远让企业获取利润，相反，多纳休转而将注意力集中在客户不断变动的需求上。通过了解客户具体在做什么业务，如何使用产品以及遇到

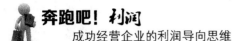
了哪些麻烦，多纳休知道什么情况下应该采取什么政策去为顾客增加价值，他的管理模式显然改善了产品使用状况，提高了客户的收益，当然，企业也从中获利丰厚。

对客户变化的需求进行了解，曾经让多纳休的企业遭到一些不解和嘲笑，但最终，他们很好地让自己的印刷业务满足了客户的需求，并获得更多利润。因此，这样的模式值得更多企业去学习。

利润导向思维 ▶▶▶

对于战略性的客户变化需求分析而言，其难度并不仅仅在于发现客户群的不同层次，还在于怎样试用不同的方法将现实情况进行种种汇总。

1. 从不同角度观察客户的需求

客户在行为上、决策上以及需求、价格敏感度和偏好上的表现都是复杂的，因此，企业一定要学会从不同的角度并利用不同的方法去认识客户群体的结构。其中，包括面谈、分析、调查、重点分析以及大量的相关方法都可以被采用，这些方法单个去采用显然不足以产生良好效果，只有相互集成起来才能发现问题的本质。

2. 观察客户的不同反应

根据客户的不同反应，能够有效发现客户变动的需求，并从中找到改变企业经营方针和策略的线索。例如，客户是充满热情、被企业所吸引的，还是健谈的、激动的，或者表现出有充分兴趣的；也有可能客户表现出的是厌倦、冷淡、麻木或者保持距离等。

观察客户做出的反应，并思考他们为何会做出这些反应，将为企业提供良好的机会来发现客户有哪些需求变化，并通过这些变化来寻找未来利润增长的基础。不少企业受到传统经营方式的限制，并没有充分认识客户，反而是利用自己对客户的认识强加印象。这样，自然难以确保以客户为中心。

3. 为生产和服务多准备几种方案

随着经营规模的扩大，生产和服务仅仅有一两种是不够的，企业必须要跟随客户发展的脚步，理解整个市场和行业的变化。企业应该预先准备更多的计划和方案，随之准备好应有的资源和策略，这样，当客户的需求变化明确之后，企业就能立刻跟上客户的变化，切实改变自己的生产和服务，切实满足客户新的需求。

打造产品"金字塔"

为了对不同的客户进行不同的偏好和需求满足，企业应该积极了解客户在产品型号、颜色和款式上的不同需求，并分析客户在客观条件上的差别，例如，了解客户的经济收入、分析客户的价格敏感度等。在这样的过程中，企业为了让自己的客户群充分扩大，常常会推出不同档次、不同价格的产品，从高级到中级再到低级，从而形成产品金字塔。在这样的塔顶，是高价格而数量较小的产品；底部则相反，是低价格而数量大的产品。

在金字塔的顶部，企业能够收获大多数利润，然而，金字塔底部的作用同样不容忽视。事实上，从整体意义来看，金字塔的底部能够对顶部起到充分的基础作用，这是因为底部的产品和服务不仅能够阻碍竞争者的参与和对抗，还能够保护顶部的产品和服务能够收获应有的丰厚利润。可以说，**底部就像防火墙一样，保护着顶部的产品和服务，而中间部分则是企业的中端产品，这些产品数量大而价格适中，这样，就能够维持稳定的利**

润，并帮助企业获取稳定利润。

利润"金字塔"

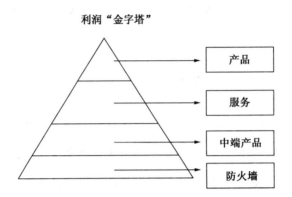

综合来看，金字塔产品的赢利模式，其原理在于能够做到对市场进行综合性的覆盖，做到"大小、高低"等多方位地赚取——对高端和中端的产品，能够获取丰厚利润；而对于低端的客户，则能够通过大量廉价销售来占据市场空间，虽然这部分销售获取的利润不高，但却能在数量上获取胜利，战胜竞争对手。

在英特尔的发展历程中，很好地利用了产品金字塔模式来赢利。这种模式进入了该企业的战略思想，并起到了重要作用。

英特尔的首席执行官格鲁夫，经常向下属灌输一个钢材市场中的真实寓言：钢筋产品曾经是钢材市场的低端部分，但是，由于没有受到钢材巨头的重视，生产钢筋的企业最终蚕食了钢材市场。这个寓言让整个英特尔记住了教训，当微处理器低端市场中出现了由 AMD 公司名主导的攻势之后，英特尔做好了充分的准备。

当英特尔发现 AMD 的攻势之后，他们知道，自己在微处理器的低端市场上不可能始终占领霸主地位。英特尔曾经打算垄断 RAM 总线的产品，然而，竞争对手 AMD 却找到了另一条路，开发出了 K6 这样的产品，于是，英特尔就针对性地开发出了赛扬系列产品，以较低的价格在低端市场和对手一决高下。

在英特尔的产品金字塔结构中，奔腾位于整个金字塔的顶部，赛扬位于金字塔的底部。奔腾凭借其自身的高性能和随之而来的高价格，为整个英特尔带来了巨大利润。这些利润也帮助英特尔对产品的研究、开发和营销投入了充足的资金保障。与此同时，赛扬则利用其低廉的价格充当了防火墙角色，从而避免 AMD 的竞争影响到他们更大的利益。

通过设置金字塔产品结构，到 1999 年，英特尔在全世界的微处理器市场中获得了巨大份额，超过了 70%，其毛利占到了 56% 之上。

同样，20 世纪 70 年代，瑞士钟表行业的发展，也能让今天的企业家们充分理解产品金字塔的作用。

在 20 世纪 70 年代，瑞士钟表业的市场价值超过了 100 亿美元，但此后，日本钟表企业的西铁城、卡西欧等品牌产品开始夺取市场的大量利润。瑞士的钟表业虽然仍占据高档市场的 90%，但其在中档市场上却只有 3%，在低档市场中，则几乎没有瑞士钟表业的一席之地。

鉴于这样的情况，SMH 公司的老总海耶克进行了产品结构革新。斯沃琪品牌产品的零部件减少到了 51 个，因此，价格也有效降低了。这样，SMH 企业的产品有了三个层次，其中低档产品价格在 100 瑞士法郎，中档产品价格在 1000 瑞士法郎，而更高档的豪华手表则可能超过上百万法郎。

在金字塔的产品结构中，瑞士钟表业从 1992 年开始，整体销售额不断上升，达到了 20 亿美元，而利润则超过了 2.8 亿美元，企业的市场价值也超过了 38 亿美元。

利润导向思维 ▶▶

金字塔产品系统成功的要素，在于不能仅仅是产品不同价位的简单排列。一个真正的金字塔，是一个完美的系统，而其中较低价位的产品，不仅能够起到防守作用，还能赢得市场的赞誉和消费者的注意。

1. 差异化战略

金字塔产品系统，重在让企业实现差异化的战略，并积极加强产品品牌号召力，强化品牌效应。例如，加大广告营销的效果，扩大品牌知名度，进行创新设计等。其中更重要的是增加产品的款式、品种、规格和型号等，并通过客户的体验营销等，以低成本和高效的方式去满足客户需求。

2. 注意成本控制

对于企业来说，打造金字塔产品结构，并不等于无限制扩大产品或者服务的生产。一些企业错误地理解了金字塔结构模式，为了从表面上看起来能够全面占领市场，过多地投入到产品的扩大中，导致产品品种动辄数十个，规格三四个，加起来全部产品达到几十种。这样，并不能真正满足不同消费者的需求，也不一定就能做到更广的市场覆盖。与此相反，企业的产品和服务类型多了，风险也就随之增大，生产、物流、管理、人力方面的成本都会越来越多，导致企业的金字塔难以稳固建立。

3. 抓住金字塔的着力点

想要建立稳定运行的产品金字塔，应该打造以不同客户需求为不同中心的产品体系设计。在这样的设计中，应该注意用户的偏好和需求，同时结合他们的购买能力，并及时调整产品体系的价格策略。在这样的过程中，不同档次产品所定位的客户群体要充分明确，并能够将产品分别投放到不同的市场中，切忌分不清楚层次。

第六章

组织再造：利润倍增的助推器

走进组织 "利润中心"

企业想要获得更高的利润，应该走上"利润中心"的结构道路。

所谓利润中心，又称为事业部，抑或战略性事业单位。通常，这样的单位是指一个管理者有权决定资源供应决策并能够自行选择市场的组织单元。一般来说，利润中心负责将大部分的产品销售给市场中的外部客户，而这样的中心同时也拥有权力去选择大部分的原材料供应。利润中心内，由于管理者没有责任与权力去决定整个中心资产的投资高低水平，因此，利润就是整个部门唯一的最佳业绩衡量标准。

从独立性来看，利润中心虽然对外没有独立的法人资格，但是，他们对内部而言却是独立经营的部分。这些利润中心在产品的售价、采购的来源、人员的管理和设备的投资方面，都有高度自主性。而从获利性来看，每个利润中心都有自身的独立损益表，并利用其中的盈亏业绩来评估经营业绩。因此，企业应该计算每个利润中心的支出和收入，即便对于那些并非对外的营业部门，也应该计算出其在内部交易服务所占据的成本和取得的业绩，从而计算其利润。

当企业根据产品或服务、地域或者客户群体、销售渠道等作为基础来建构利润中心之后，将能够获得下面的不同收益。

首先，能够更好地衡量不同部门的业绩。虽然利润多少并非衡量部门业绩的唯一方式，但却是最重要的指标。利润数字的多少，能够让企业家判断部门是否对公司有充分的利润贡献。其次，做好利润中心的建设，可以有效减少企业高层的负担，让企业高层能够专注在重要的工作领域。最后，这种采取公司中的"小公司"形式的组织结构，还能够培养未来的企业领导者。

最重要的是，采取利润中心的组织结构，能够提高企业的整体工作效

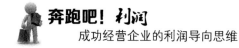
率。在利润中心组织结构中，每个部门对于特定产品和服务都有明确的职责，只要工作效率降低，就会体现在利润上，从而影响每个部门自身的利益。这样，不同部门员工从上到下就自然会积极提高工作效率。

在松下集团，事业部制度的利润中心组织结构，就是其经营管理的最大特点。

松下电器不同的事业部，实际上就是独立利润中心，这些中心分别拥有自身的下属企业、派出机构，能够从产品的试验到生产、销售和收支等，都有统一经营的独立核算。不同的部门采取独立的核算制度，而企业高层也不会用赢利部分去弥补亏损部分。这样，不同的事业部门必须用自身的力量来对自身的利润加以提高，会产生不同形式、不同程度的市场竞争关系，更会在这样的关系之上进行充分合作。

松下电器中的利润中心，按照市场竞争中的规则，相互之间建立合同关系。这些合同绝大多数都是按照产品类别来制定的，这样，利润中心之间的运营就能够有利于产品质量的提高，也有利于企业内部技术的提高。同时，采取独立的核算制度，也能够使不同部门的经营情况充分清晰，有利于松下企业的高层对不同部门的经营情况进行促进和比较。最重要的是，这样的组织形式，能够将集权和分权充分结合，并进行灵活转换，下属在企业的工作中有充分独立的权限来发挥自身的主动性，并培养那些精通管理的人员，从而发挥其中每个人的能力。

当然，这样的事业部制度并非完全没有提高的空间，其中，管理成本较高、综合能力较差等问题也很明显，更会产生不同部门的本位主义。因此，在松下集团发展到20世纪70年代中期之后，对这样的利润中心结构进行了改革，建立了综合本部制度，这样，在不同的利润中心之上，建立了按照产品类别进行销售业务统一领导的结构，加强了不同事业部门之间的协作。此后，随着市场变化和企业的发展，松下集团在事业部机构的设置上逐渐按照产品的类别进行集中，从而将若干的事业部进行组织，以形成更加系统的利润中心。

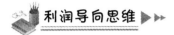

利润导向思维 ▶▶▶

利润中心结构的打造，除了需要做到策略规划、目标管理、预算考核和人事安排等多方面的运作外，还需要进行下列步骤。

1. 成立管理小组或者指定主管部门

利润中心结构在企业内部的推行，牵涉整个组织的改造、员工人事的变动，因此，上规模的企业应该成立专门的管理小组。这种管理小组应该是跨部门的组织，包括企业中不同部门的主管领导或者副主管领导。

当然，也有企业直接指定一个部门来负责推行利润中心的实施，如总经理办公室、企划部、行政部等。

一般来说，采取管理小组的方法，能够集中多部门意见，从而有利于协调，而指定部门则更容易明确其责任，让结构的搭建更有效率。

2. 进行积极培训，聘请相关顾问

企业的不同阶层员工，对于利润中心组织结构的认识和了解有着很大的不同，因此，在推行过程之前如果不进行充分培训，就容易产生分歧，导致实际实施效果不佳。因此，企业领导者应该积极邀请专家学者来企业内部，进行利润中心的基本观念或者推行程序的相关培训，帮助不同部门的全体员工建立充分共识，统一在利润中心打造过程中员工们的方向和步调。

实际上，一些企业还专门聘请具有实际管理经验的管理顾问来辅导利润中心的建立。在建立利润中心的过程中，不同中心业绩和利润数字之间

的关系、共同成本的分摊、奖惩措施等技术问题，都需要这些管理顾问来提供具体而可行的方案和建议，从而使得利润中心的推行更快和更有效果。

3. 组织设计和定位

在利润中心结构的打造过程中，企业领导者应该看重组织设计和部门的定位。组织设计过程中，应该确定利润中心的划分原则，可以包括产品、顾客、地域、渠道或者制度来进行利润中心的建造；另外，还可以按照利润中心的不同规模，设立管理中心来对不同利润中心的业务活动进行调节，其中管理对象还包括不同部门的各自地位、责任等。

当然，在确立利润中心组织结构之后，人事的安排也应当积极跟上。为了让利润中心更有效率，企业应该多培养不同方面的专才，这样，才能让利润中心分别获得独特的功能性人才。

组织扁平化的秘密

最近十余年来，越来越多的企业家发现，为了降低生产和经营的成本，并提高企业的利润水平，必须要对企业的组织结构进行有效压缩。同时，为了能够废除企业中太多的等级制度，杜绝官僚主义可能产生的根源，让越来越多的一线管理人员积极参与到决策中并提高管理的效率，许多企业都围绕着对中间层数量的削减，创建精干的管理结构。由此，企业的组织扁平化建设也就提上了议事日程。

组织扁平化的建设，从许多方面对传统管理理念进行了颠覆，这种组织结构反对整齐划一，而是强调表现出员工和部门的个性，崇尚一定的自主。这样，原本看起来整齐有序的流水线，变成了单独岗位的整体装配；原本是标准化很强的生产方式，成为了个性化的多变的生产方式；原本枯燥简单的生产，变成了复杂多样并能让人产生兴趣的生产；原来使用专门的管理体系才能基本保证工人的产品质量，现在则采取为产品和工序标注生产者姓名，就能够完成对质量的控制——显然，这种扁平化的组织结构下，更为强调对个体的直接管理，并提高了工作效率。

所谓扁平化组织结构，就是要求一个企业的所有员工在工作过程中，都能够处于平面位置，即具体工作中没有层次和等级，在工作中人人平等，工作氛围平等而民主。

高露洁公司的组织结构，就是这样经过精简而走向扁平化的。

高露洁公司的负责人这样解释他们的企业文化：在企业高层中，对于扁平化的组织结构有一种非正式的文化认可，正是这样的文化认可，带来了高效沟通，并对企业有很大作用。

在高露洁公司中，虽然并不缺乏创新能力，但却并没有像其他公司那样用方框和箭头去描述公司的组织结构。因此，不少新员工在进入企业之后，提出想要看看组织结构图而公司却并没有这样的东西。公司的文化是，只要面前有一个任务，有一个机会，就要立刻抓住，让那些了解情况和熟悉的同事在一起迅速工作起来，而不是纠结于具体谁去向谁报告。这样，团队精神才能形成。

高露洁公司甚至将这种扁平化的组织结构利用在建立产品并投放市场的过程中。当企业还是在设想产品的时候，领导层就会将销售人员、营销人员、一般管理人员和生产人员召集起来，并向他们指出，产品的成功会和他们的奖金充分联系。这样，员工们就会在一起谋划，自己需要做什么，从而获得产品的成功。这样的结果是，很多时候当他们计算出一个数字之后，会得出结论，并进行修改，而新的数字也会随之出现，并更加合理、科学，能够带来更多利润。

高露洁公司这种组织结构的确做到了应有的扁平化，由于这样的组织

结构相对简单，因此，在员工之间有着良好的工作气氛。这是因为许多员工都能感受到，自己是股东的管理代表，并为他们获得赢利和增值，在这方面，大家都是平等的。因此，不同级别员工之间沟通的渠道始终公开透明，而且大家欢迎诚实者。这是因为扁平组织带来了公开的氛围，推进了创新意见的流动。同样，大家的目标也获得了统一，员工的责任感也伴随着信任增加而更为强烈。

之所以要建立扁平化的组织结构，其目的在于能够减少管理的层次，并充分压缩职能机构的层级和数量，对管理职位也进行裁减，从而有效转移管理的职能，并建立充分紧凑的团体组织，以发挥敏捷、灵活、高效的优点。

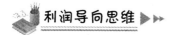
利润导向思维 ▶▶

扁平化组织结构对于大型公司的组织革新和再造来说尤为重要，这是因为，几乎所有的大型公司都需要面对由于企业扩大而带来的矛盾，而通过扁平化则可以克服其困境。

1. 扁平化的特点

通过将组织结构扁平化，最大的特点在于能够打造出让科层型的组织和机动的工作小组并存的企业，这样，通过对时间和空间缺陷的克服，可以加快价值在企业内部的传递并提高知识技能的全面运转，从而有效提高企业组织的效率。

2. 扁平化组织的要求

在那些采用了扁平化组织结构的公司中，组织对于管理人员的能力提出了更多的要求。这是因为，当中间的管理层减少之后，一线的管理者在企业发展过程中所起到的作用则越来越大。这些管理者会直接面对市场和竞争，并分别行使不同职能来为公司创造、寻找和把握机会，获得更多的利润增长。当中层管理者能够担任这样的角色之后，企业的高层领导就能够负责对整体宗旨和战略的确定，并对一线管理者进行授权，协调和控制整个企业的活动，为下级的活动制定标准。

3. 扁平化组织强调系统化

大型企业在良好分工的基础上，更应该重视系统化的发展。这是因为，一个大型的企业组织，是由不同的相互作用的组成部分组成的，这样的系统是开放的。因此，企业管理者应该运用好正确方法，能够做到对统一的目标进行全面阐述，从而确定对企业不同部门工作成绩进行评价的标准，并利用平面化系统来加快自己的系统思考。

扁平化的组织，还需要企业进行灵活指挥。这是因为，在许多大型的专门组织中，统一的指挥成为了管理者信奉的法则。而且，当组织相对简单时，这样的原则显然更为适用，也更加具有逻辑性。事实上，在大型组织中随着市场的变化，却无法实现统一指挥原则。比如，专业知识不断增加，组织中的层次越来越多等，而主管者则力求更大机会的权力。但在扁平的组织结构中，他们更应该做的事是培养更多的人才，对他们给予授权，去经营管理和控制不同的部门。

以客户为导向的组织

在经济迅速发展变化，客户需求不断调整的环境中，传统企业必须意识到，原有的基于成本或者基于产品质量的竞争，已经不能满足更多利润的需求。随着经济全球化、信息网络化的日渐形成，企业想要在行业中获

得更多利润，必须要基于时间和速度进行竞争。而基于时间、速度的竞争，第一内容就在于如何尽快响应并满足客户需求，即做到**以客户为导向**来打造组织结构。为此，企业必须在相应的组织结构中做出更多调整。

我们应该看到，传统企业所采用的组织结构是科层制度的，围绕企业中不同部门的职能，将从事不同工作和拥有不同技能的人进行合并，从而使企业的资源获得更高的利用率。当这种组织结构放在外部稳定的环境中，同时没有碰到变化较大的技术情况和市场需求时，能够有利于企业进行深层次的技术发展，并发挥专业部门和员工的优点。然而，虽然科层制企业有这样的优点，其缺点也相当明显。这是因为，按照职能来划分垂直组织结构，虽然优化了不同部门的职能，但却忽视了整个企业所面对的客户。客户的信息被划分成了不同级别，不同环节的部门，会很快听不到客户全部的需求，而导致客户的信息失真和被扭曲。即使上级部门能够进行协调和解决，也会造成整个企业决策缓慢、难以协调。

反过来看，现代市场中决定企业发展高低的因素并不完全来自效率，更多来自是否能够满足客户的需求。一个充满活力的企业组织，应该是能够最大限度地去满足客户需求的组织。这就需要企业能够改变传统的矩阵结构，增加组织结构中的客户维度。具体来说，可以将提供生产或者服务职能的部分和面向客户的部分分开，形成单独的职能机构；也可以将公司从产品的战略业务单元进行转变，形成面向客户的单独业务单元。

在这样的组织结构中，业绩目标和客户的满意度进行紧密的挂钩联系，这样，就不会导致企业只看到公司短期利润或股东利益，而客户的满意度则成为企业赢利的长期动力。

在这样的组织中，企业和员工关注的应该是顾客需求和满意。员工会从传统的部门划分中获得解放，并能够参与和负责完整的业务流程，这样，员工因为看到了整体的工作进程，其工作目标就会集中在如何去满足客户的需求并为他们创造价值上。同时，这样的组织因为能够面向流程，也会使得客户看到自己希望的目标得到顺利实现，不同流程环节之间能够环环相扣，并共同服务于组织目标。这样的组织中，不同职能人员相互合作，既有利于传递反馈顾客的需求信息，也有利于对顾客需求加以实现支持，这样，有效地避免了传统垂直结构中信息渠道不畅、职能部门合作不利的情况。

即使是花旗银行这样著名的企业，也通过客户导向组织的打造来推动企业赢利。

1997 年，花旗银行成为美国最赚钱的银行，并且成为真正意义上的全球银行，除了为美国公司客户提供服务之外，它还为全球各国客户提供全方位的金融服务。

然而，仅仅是在数年前，即 1990—1991 年间，这家银行面临着破产危机，市场上到处都是公司将要倒闭的传言。而这些传言来自于企业的成本结构不良、信用风险管理问题以及房产贷款损失问题等。直到 1994 年，花旗银行信贷风险获得减轻，成本结构也得到控制，随着财务状况的不断康复，这家企业的高层决定对组织结构进行调整。

为了让组织结构更加合理，花旗银行首先确定了以"和客户分享心声"作为战略导向。这意味着，企业将会不断收集详细、真实的客户需求信息，并增进和客户之间的联系，以提升自己在市场中的竞争地位。

同时，花旗银行基于这样的战略目标改进了自己的组织结构。

在此之前，花旗银行在不同国家的银行业务，是按照地域来进行组织和划分的，不同的区域经理在各自进行决策、资源分配和业绩考核的过程中，几乎是完全自主的，不同的区域单位，都有企业总部所派出的产品专家、客户经理，并负责不同地区的客户服务工作。

另外，花旗银行总部中设立了全球公司部门，为大约 200 多个跨国公司客户服务，这样的部门在结构中是高于区域公司银行的。然而，全球公

司部门并没有支配资源的权力，而即使他们需要一些产品专家来为企业提供服务，还应该获得不同区域经理的同意。

1994 年，银行开始改变原有的组织业务，并在第二年开始，对整个企业的业务结构进行重组。很快，全球关系银行建立起来，专门为那些跨国的大公司服务，同时，成立了新兴市场部门，为新的市场中的公司客户进行服务。

在新的部门中，全球关系银行根据产品、地域和客户进行组建，不同的客户被归类到不同的行业类别中，客户的大小是其中最重要的分类因素，而地域则成了最低的重要因素。这样的改革，成功地将企业的业务导向从地域转向客户需求，客户关系经理们更加重视客户关系、新产品推销，而产品经理们也更加注重客户的需求来对产品和服务进行设计。

利润导向思维 ▶▶▶

想要建立起真正以客户为导向的企业组织结构，要做的并非仅仅是表面上的部门划分和业务重组。下面的步骤更应该获得充分地重视。

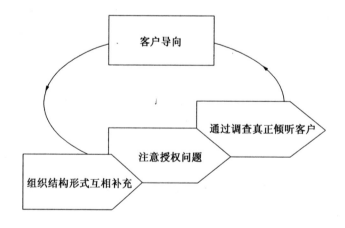

1. 通过调查真正倾听客户

客户满意度是企业最高领导层的工作，应该通过最高领导层的身体力行来积极推动。企业领导者应该深入地参与到市场调查过程中，包括参与到调查指标设计、问卷设计、抽样调查、集中反馈等过程中，系统看待客户满意度的调查。这些调查结果可能和现有情况不同，甚至对企业的方法论和结构系统给出否认，但企业领导最重要的态度在于搞清楚其产生的原因，从而真正了解客户的需求，并为组织结构的改变提供依据。

企业领导应该善于去捕捉客户提供的信息，将客户的期望变成组织结构变更的想法，并随之做好改变组织结构的准备。

2. 注意授权问题

在打造以客户为导向的组织结构中，授权问题是组织结构设计的重要关注对象。在传统组织结构中，主要面对的是垂直的集权和分权问题。而在新的组织结构中，由于团队是水平化的，要由一个单独的团队来完成组织核心流程的全部过程，因此，就需要企业领导懂得如何充分适度地放权授权。

如果企业没有适当地授权给员工，那么，新的层级就会产生，原有的垂直组织结构还是会重新出现，而客户导向在这样的组织中又会被逐渐淡化。

3. 组织结构形式互相补充

在建立以客户为导向的组织结构过程中，不同的组织结构形式可以相互补充，从而实现垂直组织结构形式对于水平组织结构的有益协调统一。

例如，企业的经营、生产和服务可以以几个核心流程为主来满足客户需求，但与此同时，也需要设立共同的支持部门，如财务部门、人力资源

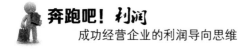

部门等。但前提在于，这些部门不能够独立于其他核心流程之外。否则，客户的需求就会被分散。

又比如，企业分别以客户不同的需求作为基础，组建了若干核心工作流程，同时又设立了研究开发部门和顾客服务部门。那么，前者应该不受到特定流程的限制，而面向所有客户有可能的需求；后者也同样为所有客户服务，而不去区分顾客购买的究竟是何种产品。这样，不同的组织结构形式都能够为客户的需求做到充分有效的服务。

优化组织结构创造利润

企业组织结构，主要是为了企业经营发展的战略而服务。通过进行战略分解，并对组织的功能进行明晰，从而完成战略的目标和任务。在企业中，存在着直线职能结构、事业部门结构和多维立体结构等不同的组织形式。

例如，直线职能结构是最早也是最简单的组织形式。其特点是：企业各级行政单位从上到下实行垂直领导——下属部门只接受一个上级的指令，各级主管负责人对所属单位的一切问题负责。厂部不另设职能机构，一切管理职能基本上都由行政主管自己执行。这一组织结构的优点是：结构简单，责任明确，命令统一。缺点是：它对行政负责人的要求较高，需要责任人熟悉多种知识和技能，亲自处理各种业务。这一结构并不适宜业务复杂、规模大的企业。

事业部制最早由美国通用汽车公司总裁斯隆在1924年提出，所以也称为"斯隆模型"，是一种高度集权下的分权管理体制。该体制实施单独核算，独立经营，公司总部只保留人事决策，预算控制和监督大权，并通过利润等指标对事业部进行控制。这一组织结构适用于规模大、品种多、技术复杂的大型企业。

多维立体结构，顾名思义就是多种组织结构的有机组合，多用于产品类型众多、跨地区经营的企业。优点是：管理结构清晰，便于组织和管理。缺点是：机构规模庞大，管理成本高，沟通效率低等。

但总体上看，无论采取怎样的组织结构，都对企业所创造的价值以及形成的利润有着不同方面的影响。**这些影响决定着企业的组织结构是否能够对企业目标起到应有的支撑作用、对企业起到战略上的推动作用、对企业满足客户需求起到保证作用。**这些作用既关系到组织整体的经营活动是否能够让利益相关方满意，同时，又能检验和衡量组织成员在经营管理活动中的效率高低。

然而，目前中国市场的企业，在组织结构上还存在着很多不足和差距，其问题主要集中体现在以下四方面。

首先，组织的功能不全面。这种情况导致企业经常需要进行内部的组织结构调整来适应新任务，并进行资源的重新分配。结果，每次组织结构的改变，都是在仓促的情况下进行的，导致旧的组织模式被改变之后，新的组织结构又没有建立起来，企业内部经常相当混乱，造成利润下降。

其次，组织结构职能重叠或者空缺。这表现为一项具体的工作职能被划分为若干块，而因为不同工作部门之间的不同步，导致部门间协调困难，总的工作量和难度都大大增加。

再次，组织结构的问题造成权责划分不清。具体表现在，企业内部的一些权力被过分集中，而另一些权力则又被过分分散了，不同部门的职能并不明确，而企业管理者的职权也并不明确。这导致企业中的不同资源被分散到了不同的部门中，当部门在完成工作的过程中，因为权责不清，而导致工作力不从心，结果增加了企业内部的矛盾。

最后，组织结构不清导致了工作流程的不通畅。在企业内部，工作流转时，总是会因为不同部门的利益问题，而导致沟通不畅、运作不灵，造成工作效率的低下。归根结底，这是因为组织内部不同部门的本位主义导

致，在旧的组织体系中，不同部门更多以自我利益作为出发点，重视本部门的短期利益，而忽视了整个组织的长期利益，这导致部门内部缺少高效的沟通协调。

某集团有上百年的发展历史，是中国机车研发、设计、制造、修理等业务的行业领军人物。这家集团也通过组织结构优化，来创造更多利润。

在优化之前，该集团的组织结构存在很多问题，导致很不适应行业竞争的格局转变，和市场竞争的需求不符合。

首先，该集团的总部原先是行业的管理机构，实际上并不专门进行管理业务，缺乏对集团整体的战略发展规划能力、产品研发能力和市场营销能力。集团总部虽然有行政职能，但并没有真正为企业带来更多的业务量、资金量，同时，集团总部也缺乏真正的决策、融资等管理人才。集团总部的不同部门按照直线职能进行架构，也没有集中掌握管理资源。这样，整个集团总部对于集团成员企业的管理控制力较弱，没有对整个集团的资源进行统一配置，不利于利润的增长。

其次，集团总部在战略、财务、人力资源、企业文化和投资、资产等方面的管理职能有相当程度的缺失。例如，财务部门对整个集团只是起到将报表汇总起来的作用，并没有进行专业的财务管理；技术部门，也没有能力统筹管理整个集团的技术进步和创新研发活动；资本运作方面，则因为人才和知识上的缺乏，显得更加薄弱。

最后，在整个集团中，不同成员企业依然保持着原有的经营格局。这些企业有着各自的配套支撑体系、销售渠道，但相互竞争过于严重，建设情况也经常重复。这导致整个企业没有形成集团的合力，不同的企业、部门都在进行同类项目的投入和开发。不仅如此，不同企业在发展战略和规划上也基本相同，导致缺乏差别化的分工协作。

针对上述问题，该企业开始积极进行组织结构的调整。

通过咨询相关专业顾问，集团采取组建事业部的方法，将不同的专业化子公司整合起来，加强集团的控制力度，整合集团的资源，从而打造出具有核心竞争力的产品，并实现跨越发展。

确定了调整计划之后，集团总部分设了机车、客车、货车和配件四个部门。然后，将不同成员企业内部按照产品和服务进行单位的划分，将责任赋予这些单位，从而顺利转换机制。最后，进行了企业内部的资源整合，将不同成员企业的一些辅助资产和支援资产进行剥离，并进行了优质资产在整个集团层面的重组，打造出了拥有核心产品的股份有限公司。

在事业部的组织结构下，这家企业总部能够统一领导不同企业，而下属的企业拥有各自不同的产品与市场，并获得了一定的经营自主权。同时，企业总部也收回了一定的权力。这样，整个企业集团拥有了各自较为独立的经营和核算的利润中心，而这些利润中心也对产品的设计研发、生产制造和销售负责。

通过这样的组织结构改变，集团总部得以从原本的琐碎管理中解脱出来，将注意力集中到总体战略的决策上。这样，集团总部能够控制不同事业部门领导人的任免权、投资规模和具体额度，进而强化了集团总部的融资功能，落实了不同部门的责任，界定了权力的分隔。

在事业部方面，这些企业分享了总公司的权限。事业部对战略发展和资产使用负责，并将目标放在市场的拓展和经营上，从而加快人才的开发与企业的改革。为此，企业将市场营销、资产支配、整体规划和营运监控等权力赋予了不同的事业部门。

在管理制度上，该集团层层落实了经营负责制，将新的组织格局以战略决策中心、资产管理中心、利润中心和成本中心等为核心进行建立。通过这样的过程，最终形成了集团总部精干而事业部门高效的格局。经过组织结构的变化，集团控制能力变强，整合变得更加彻底，部门易于接受管理，而利润也明显提高了。

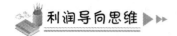
利润导向思维 ▶▶

组织结构创新，是企业创新成功的根本。下面的原则是企业组织结构优化所必须要遵循的：

1. 组织结构优化设计应谨慎

对企业的组织结构进行优化设计，是整个企业都要变化的大事情，因此，任何做法操之过急，都会导致企业付出高昂代价。不少企业的组织结构优化没有做好，反而因为员工和业务的不断变化而变化，结果，企业虽然看重业务，但却没有调整好组织的稳定度，这种不断的变化，会引起组织业绩的停滞不前。

2. 组织结构优化应提前做好分析

想要让你的组织结构获得更多优化，就要对企业的内外部资源、所处的环境进行综合评估，并对企业的未来进行科学预测。如果企业领导者不清楚行业的发展趋势，不了解企业目前所具备的优势和掌握的资源，不了解企业未来面临怎样的任务和目标，不清楚企业竞争对手的策略，即便看起来再有用的组织结构也都是不完整的。

3. 组织结构优化应该具备专业知识

对组织结构的优化并非仅仅有良好的想法就可以完成，还必须具备相当的专业组织。设计者应该清楚不同组织类型的优势和劣势，并评价分析这些组织结构类型能够给企业带来的影响，制定出相应的策略，从而让新的组织类型能够发挥更多长处，压制其短处。

4. 组织结构设计应按照流程进行

组织结构的设计，应该根据企业价值实现的流程，按照工作的性质来进行职能上的划分，利用这样的职能划分，做到详细设计组织结构，并确保人力资源、物力资源、资金和信息、管理等充分到位。当然，在进行组织结构设计的时候，还应该坚持将资源集中起来使用，千万不应该将同一种资源进行不断划分，导致无法突出重点，难以维持企业的核心技能和技术。

打造合作型组织

一个成功的企业必然同时也是一个成熟的组织，而之所以能够被组建，往往是因为企业有着令人尊敬和信服的领导层。整个领导层的意志，往往是整个组织精神的体现。然而，仅仅有领导层是不够的，随着组织规模的扩大，企业内部将会面临各种各样的内部利益和矛盾，组织内部不同单元、不同个体的多样化和数量增加，都会为组织建设提出新的挑战。

组织和团队不同，组织应该具有更大整体性、更协调的共同节奏。组织之所以存在，是需要其中许多人能够对自身的利益作出牺牲和妥协的，因此具有了强大的合作力量。而如果企业能走向合作型组织，则在争取利润的道路上会更加顺畅。

一个良好的合作型组织应该具有以下特征：基层员工和管理层有着一致的价值观和目标；整个组织具备互相信任和尊敬的工作氛围；企业内部的成员能够将全部知识和资源进行共享与整合，从而最大限度地对企业运作进行优化，并能够利用其中的各种机会；由于是合作型组织，其决策制定能够比目前大多数的组织具有更多、更广泛的基础，能有更多的成员在组织发展方向上提出自己的意见；组织内部的等级结构有着最小化的分层，企业经常通过讨论来制定政策，实现民主管理，而并非以完全的个人命令和控制进行管理。

可以说，打造合作型组织，对于创建整个企业的组织文化有着深远的

影响。合作的概念得到深入贯彻，将会远远超出一般组织的意义。这一概念将会跨越企业、企业内部机构和部门以及工作小组和成员。这是因为合作本身有着广泛意义，需要员工将彼此看作合作者，去分享创意和知识，打破原本存在的利益壁垒，从而携手为企业创造新的价值。

在成功的合作型组织中，工作场所仅仅是个特定区域。员工在企业中获得无形的力量，这些力量包括相互尊敬和信任、相互对彼此价值观的认可。当然，在当今市场环境和社会价值观影响下，要求合作，本身对于企业文化的引导者、组织的创建者来说，就是一种相当的挑战。但企业领导者们应该相信，通过打造合作型组织，企业将得到更高的工作效率和更多的利润。

许多公司都因为采取合作型组织的建设方向而获得惊人的利益。

例如，孟山都公司有一家尼龙纤维工厂，这家工厂原本采用领导工作组的形式进行生产监管，随着合作型组织的建设，这家企业内部传统监督者的角色被重新定义，形成了更大的自主性的合作工作组形式。在之后的五年内，孟山都公司发现这家工厂将利润提高了50%。

又如，一家人寿保险公司决定对企业的后台办公区域进行重新设计，为此，他们改变了原有的传统功能性工作区，而是把不同岗位、不同要求的员工组合在一起，形成多功能工作室友。这样，人力资源被节省了，成本也获得了有效地降低。

效果更为显著的是一家芯片制造企业，该企业拥有300亿美元的资金。当这家公司完成了组织结构的重新设计并建立了合作型工作制度之后，他们的整个工作体系由客户经理、生产经理、技术经理和质量工程监督部门等多环节的供应链形成，结果，在没有追加新的生产力和机器的前提下，整个企业的制造能力得到了很大提高，而生产质量和生产利润都因此得到了改善。

合作型组织能够平衡员工的个人资源，并提供可以超越员工个人努力的共同效果。越来越多的企业家发现了组建合作型组织的好处。

合作型组织最大的好处是：能够让企业员工产生较大责任感。员工们发现，在合作型组织中，自己必须要为自身的工作承担更大责任，因此，他们不需要原来的那么多直接监督。与此相反，他们会自发对问题进行解决、对方法提出改进、和客户积极合作并保证他们的需求得到满足。

总体上看，合作型组织必然会越来越灵活，能够让企业更好地适应变化环境。合作型组织中，企业员工们能够发展更多技能和能力，并随着企业的要求变化而进行自我学习。这是因为合作型组织能够较好地开发员工技能，并帮助企业管理者从对员工的单纯监控中脱身。

利润导向思维 ▶▶▶

为了创建合作型组织，必须要对企业的组织结构进行创新，并顺应下面的方向。

1. 柔性化的组织

高度柔性化的组织比起传统组织具有更多的竞争力。这是因为柔性化组织是垂直的，并实行信息资源的敞开，能够在企业内部做到引入市场机制而并非单纯依靠原有的行政机制。因此，组织柔性化，应该侧重于利用信息技术，在企业的内外环境中建立广泛联系，并积极运用市场机制，推进企业主要职能的相互融合，从而帮助企业实现更加广泛和长远的目标。

另外，柔性化的组织还需要企业领导者积极推进组织结构的小型化、简单化。在这样的过程中，组织成员的工作任务不需要做出过于严格的规定说明，而员工之间的等级差异也要相对减少，让权力从集中走向分散，从而凸显沟通的重要性。这样，合作型组织才能得到有序建立。

2. 混合型组织结构

合作型组织结构的趋势，在于积极下放权力的同时，将战略规划、决策制定等机制集中在企业的总部，这样，就能形成高度的集权和高度的分权相互结合的组织。这种组织应该符合下面的标准：组织稳定并高效；能够不断创新；有适当方式来应对企业外部环境的不断变化。

3. 网络型组织结构

随着合作形式的发展深入，企业的组织结构也会朝向网络型组织结构发展。其中包括下面两层组织：首先是管控中心，这部分集中了战略管理、人力资源管理和财务管理等功能；其次是立体网络，根据实际业务需要组成业务部门，而部门之间的合同则会成为机构间的联系方式。

这样，整个组织分成技术和非技术不同部分。这样的组织，让企业内的技术、资金和信息获得充分分离，同时，通过有效地合同管理避免了多头领导，促进了多方合作。最重要的是，这样的结构具有更大灵活性，可以根据市场和项目要求形成组织结构，具有动态特征，能够让企业内部的经营、协作和协调得以充分进行，并调动其中每位管理者的积极性，获得更高合作效率。

组织者的时间都去哪儿了

想要让组织对客户的需要和偏好做出积极的反应和改变，**不能仅仅依靠组织者在办公室中的时间来完成**。在过去的传统经济秩序下，企业家为了组织好企业的生产，其大部分信息都是从企业内部或者行业内部来收集。但是，今天，企业家们应该发现，自己所需要的重要信息来自公司的外部环境——包括所有客户、市场边缘乃至其他的行业。其中，已经由别人实践证明过的信息，经常可以用来解决企业自身所面对的问题。

下面的案例是值得许多企业组织者借鉴的。

一家中型生产企业的老板蔡总，感觉自己被企业的组织工作压得喘不过气来。这并不是企业在生产和市场营销上遇到了什么困难，而是他感觉自己的时间不够用了。换言之，他感觉自己无法继续胜任公司的领导职务。

作为老板，蔡总经常觉得自己忙得要分裂了：他需要不断去召开会议、回复邮件，每天几乎要打几十个电话，还要将事情不断地安排给下属。另外，整个企业一旦出现什么问题，都需要逐级反映请示到他的面前，并等待他做出批示。如果工作速度放慢下来，企业的组织运作似乎就会产生混乱。除此之外，更不用提蔡总应该肩负的家庭责任了——他有一对儿女需要照顾，还有年近八十岁身体不大好的母亲……

当蔡总找到咨询专家之后，专家首先让他描述自己在工作中的时间支配情况，于是，蔡总一一列举。他说，自己从刚上任开始，就面对整个企业内的人事评审工作，同时，直到现在他还兼任公司销售经理，其原因在于他"喜欢交朋友"。另外，蔡总还承担着管理整个公司行政人员的职责，目前，他直接管理的员工高达上百人。在做这些事情的时候，他还希望能够投入更多时间来分析企业内部的业务战略和实力分析，但面临的情况却是抽不出时间。

咨询专家建议蔡总能够做下面的工作：将自己的时间支配方式进行罗列，然后将每周工作时间进行分配和罗列。其中，每个工作小时数将会被分填到下面三列中：第一列是应该由他首先关注的外部重要信息；第二列是应该由他关注的内部信息；第三列则是可以由下属来关注的工作信息。

当时间图表被制作出来以后，蔡总发现，原先占用自己工作时间较多的工作任务，有不少被安排到了第三列中，其中包括"安排人事""小客

户的电话和邮件""部门业绩考核工作"等。而剩下的则是自己和大客户的沟通、对市场的了解、对政府相关部门政策制定方向的了解等，分别被安排到了第一列和第二列中。蔡总很快决定，将第三列的工作任务交给下属办理，并开始核查第二列中哪些工作任务应该由自己亲自执行。

数周后，老蔡打电话给咨询专家表示，自己在对工作时间的分配上已经非常有效。最近一段时间，他全身心投入到企业在行业中竞争定位的评估工作上，并由此明白，企业应当和一家主要的竞争对手进行合并。这个决定虽然花费了他不少时间，但是蔡总认为，对于企业未来的发展和竞争相当重要。同时他也认为，如果之前不是及时调整了自己的工作时间，的确很难做出这样的重要决定。

同蔡总一样，很多情况下，让企业领导者感到郁闷的就是时间的分配过程中，自己所关注的事情和企业最需要的事情并没有充分联系。其中的原因自然很多。例如，由于工作中必须面对日常事务，同时要对企业内部和外部的环境信息进行管理。因此，领导者往往很难注意自身工作时间的使用情况。其次，不少领导者并没有明确自己优先应该管理的组织事务，他们可能意识到了自己的时间没有有效使用，但却不知道如何更加明智地使用工作时间……就这样，很多企业组织者往往自己都搞不清楚"时间都去哪儿了"。所以，企业领导者有必要像蔡总一样，及时调整，做出改变。

利润导向思维 ▶▶▶

由于环境的变化，企业总是会不断陷入新的困境，并不断遇到新的机会。由于监管环境的根本改变、市场结构的变化、竞争对手的进步和客户偏好的改变等，企业的高层领导团队必须要经常去跟随企业的愿景，了解外部的信息，从而重新确定优先事项，同时调整自身时间支配方式。实际上，这也是商业的注定规律：要么学会调整，要么走向失败。作为企业领导者，如果想要让企业在自己的领导下生存繁荣，获得发展，就必须要对自己在领导过程中的时间支配方式进行评估和改变。

1. 科学规划时间

目标是领导者正确规划时间的基础。领导者是自身工作和下属工作时间的决策者，同时，又是组织目标的责任者。因此，企业领导者一定要做到在心中有具体的组织目标，并根据组织的目标去寻求信息，从而规划自己的工作时间。

具体来说，可以包括下面两个方面：首先是按照对企业发展重要性的程度来决定工作时间，从而将时间用到最重要的事情上；其次是合理地制定工作时间的表格，从而培养自身用战略眼光收集外部信息、规划长远工作的能力；最后，还要在安排时间的过程中留有机动时间，来应对突发事件。

2. 善于使用时间

在领导者对整个组织进行管理的过程中，越是能够将时间使用分配好的人，往往工作效率就越高。这说明，为了让组织者从领导者工作中受益，一方面要注意工作速度，抓住最重要的时机；另一方面也要充分注重对每个单位时间的使用，发挥时间的实际价值，从而使得单位时间能够创造出更高的效率。

3. 对时间进行系统优化

想要为企业开创出新的局面，企业领导者必须要迅速摸索出自身的生物钟规律，并能够对个人工作时间进行系统优化。通过掌握自己每天最高效、精力最充沛的时间，从而系统总结出工作规律，利用自己最好的时间

段去进行工作。反之，如果不能积极结合自身特点安排工作时间，就会导致组织效率的随之下降。

读懂赢利心理学，再造组织文化

由于企业之间在各自理念、愿景、目标等不同的企业文化因素上存在差异，即便一个行业的确有着很大利润，而且其赢利模式也已经被众多企业所认同，但其中不少企业的业绩依然差别很大。这样的差别不能仅仅看作技术或者能力上的不同，同时更值得企业领导者**从组织的赢利文化等心理因素上加以探寻**。

例如，一些大型企业经常会出现这样的情况：在企业中，很少真正有员工或者领导去精打细算。他们出差时住在最好的酒店中，每年会在很多风景名胜区召开会议，领导者享受的美食和高档机票，全部由企业来报销……这些不知不觉被所有人接受的现实，改变了企业的文化，让其中绝大多数人以为企业永远都会赢利。

类似于这样的企业文化一旦形成，企业内部员工的心理习惯和行为习惯就非常难以改变。而随着企业利润收入的变化，这种习惯会相当危险。正因为如此，即使像沃尔玛这样的企业，其员工在出差时都需要住廉价的酒店以获得优惠，而这种节俭的习惯并非仅仅出于规定，而是出于该企业的组织赢利心理。

正是通过企业领导者对组织心理的利用，越来越多的企业都能让员工抛弃错误的理念并改变自己的习惯，从而体现了企业管理的原则。想要在这样的环境下竞争，就应该在企业管理过程中，将赢利心理作为核心要素来加以重视。一家化学品公司之所以能拥有2亿元的销售额，正是因此而受益。

在建立正确的赢利心理作为企业文化之前，该公司曾经试图依靠申请技术专利保护来保证自身的利润收入。企业的所有产品都有25%的毛利，其中专利产品的销售收入占了总收入20%，而毛利却占了70%，可以说是企业利润的支柱。但是，到了十年后，这些产品的专利大都到期，而技术发展的停滞导致新的专利产品没有得到开发。这样，公司必须要开始转变赢利模式，而作为制造业公司，他们必须要重视以低成本取胜。

为了改变原有的文化，企业管理层花了将近八个月的时间来进行工作，让企业抛弃曾经的奢侈习惯。管理层采用的工作方法包括召开会议、进行演示、教育培训、宣传企业文化等。通过努力，在企业中建立了一种新意识：赢利不再是简单获取的，而是来自于企业应该怎样对资源进行保护并提高产品质量，从而使得企业的产品具有更加独特的竞争力。其中，企业领导层主要灌输的思想是：企业赢利需要经过日积月累才能够获得成果，而每个员工自己进行的微小改变，对于企业未来的影响都可能相当巨大，实际上，即使任何看起来琐碎、微小的工作都会决定企业的盈亏。

最终，对企业文化的改变相当成功。公司销售利润率有了很大程度的增加，并始终保持了应有的水平。其实，这样对企业文化的调整，原本能够在更早的时间进行，而这家化工厂的调整虽说有点迟，但还算亡羊补牢。

利润导向思维 ▶▶▶

企业家应该知道，对成本的关注，虽然并非总是能带来如同案例中那样显著的影响，但是，企业的文化环境能够对企业的赢利模式产生关键作用，而调整企业文化、建立赢利心理所带来的效果，本身是逐渐累积的。很多情况下，可能只能让利润提高仅仅几个百分点。但如果这样的提高能够投入企业产品技术的开发，或者改善对客户的服务，就有可能获得放大很多倍的效果。如果将这样的效果进行正确的利用，对于建立企业的核心

能力、避免企业竞争力的下降、提高长期的获利能力，具有显著影响。

建立正确的赢利文化，需要企业对下面的因素予以关注：

1. 对客户的赢利潜力进行分析

企业赢利心理的模式虽然包括对成本的降低，但并不仅仅限于这样的内容。实际上，不同的赢利心理模式都应该体现企业对客户所应该具备的基本认识，而其中每种模式都应该用充满个性的思维来体现客户的重要性。因此，想要将赢利模式真正建设成为企业的文化，就必须要将这种模式的要求具体落实到对待每个客户的态度上去，而这也正是企业利润的最初起源。

为了让赢利心理对模式发挥作用，企业领导者必须要组织员工充分了解利润最初怎样从客户的潜力中产生，其后才应该督促员工去充分了解企业客户的财务状况。例如，为了建立有效的赢利文化，员工应该善于向自己提出这样的问题：谁才是最容易提供利润的客户？谁才能够具有最大的利润增长潜力？应该如何改变自己的工作行为和态度，才能有效满足客户需求，并将潜在利润变成现实？

对客户的赢利潜力的分析，能够为企业赢利文化建立奠定重要基础。这种有选择的集中改变，能够为企业带来新的回报，并为企业管理层选择新的战略带来更多的灵活性。

2. 对资产密集度的区分

想要正确地建立企业赢利文化，还应该学会区分资产密集度。资产密集度的高低，是使用赢利心理学的重要因素。所谓资产密集度，可以用资产和销售额的比例进行衡量，一家企业的资产密集度越高，企业的获利能力就会降低。因此，即使企业有了很高的获取利润的能力，如果不具备正确的赢利心理和文化，仍可能会被企业过高的资产密集度所抵消。

因此，想要正确地建立企业赢利文化，应该利用文化将企业的投资用在最重要的工作技能培训和生产活动上，而不仅仅是对资金的利用而不产生回报。企业领导者必须要在建立企业文化时充分清醒地认识到这一点，并引导下属员工加以实施。

 第七章

成本管控：砍掉浪费，

向成市要利润

降低成本比抬高售价更有用

美国福特公司总经理李·艾柯卡曾经说过这样的话："企业多挣钱的方法只有两个，要么多卖，要么降低管理费。"

即使只是在个人的生活中，绝大多数人也会计算生活中的成本和收入，从而平衡自己的经济情况。在远较个人生活复杂更多的商业生产中，情况更是如此，如果企业想要获得更多的利润，必须要懂得节约成本的道理。**控制好成本**，这样的原则非常必要，许多企业都注重成本的降低，并节约那些不必要的开支。

前面提到的艾柯卡，在担任福特公司总经理的时候，就大大降低了企业的成本。

当艾柯卡上任以后，首先做的事情就是召开了企业内部的高级管理人员会议，确立了对成本降低的计划，这些计划包括四个5000万元和不赔钱。

所谓四个5000万元，就是通过四个管理改革方法，来争取为企业的管理成本各自节约下5000万元的管理费。其中包括减少生产的混乱、降低产品的设计成本、抓住机会和改革传统的经营方法四个方面。

例如，福特工厂在之前的生产过程中，一到每年准备转产的时期，就会多花两周时间来让机器和工人都停下来。这样，工厂的人力和物力都会被浪费，并导致积压，形成很大损失。

据此，艾柯卡提出，如果能够利用电脑技术来进行周密的计划，这样的等待时间就能够从两周减少为一周。这样的工作很快在他的领导下开始了。过了三年，福特公司能够做到利用仅仅一周的时间，就做好转产的准备。这样的速度在全世界的汽车行业也是从未有过的，同时，这样的速度

更为企业每年减少了数百万元的成本开支。

和这样的目标一样，在三年后，艾柯卡就带领整个福特公司在上述四个方面节约了总共2亿美元。公司的利润由此增加了2亿美元，统计显示，在不多卖一辆汽车的情况下，艾柯卡让福特增加了40%的利润。

仅仅做到这些并不能让艾柯卡满意，他同时还开展了不赔钱计划。

一般的大企业中，都有不少业务会赚的比较少，甚至会赔钱。但艾柯卡并不认为这样的情况就必须在福特存在下去，他提出，给每个部门经理三年时间，如果他所管理的部门还是做不到赚钱，那么公司就要将这个部门卖出去。

结果，艾柯卡陆续卖出去了20多个部门，其中还有一分钱没有赚过的工厂。通过这样的办法，福特公司的负担大为减轻，原材料、劳动力和机器设备都得到相应减少，企业的相对利润也迅速上升。

利润导向思维 ▶▶▶

当然，降低成本的方法还有很多，企业应根据自身面临的问题对症下药。例如，如果发现自己生产零件比外购更贵，就选择外购；而进口更贵，则自己生产。还可以将不同的成本和同行的成本进行比较，而不是凭空设定成本标准，这样的管理习惯会有效降低企业成本，使得企业逐渐超越竞争对手，获取更多利润。

1. 提升自身竞争力，节约成本

企业提高竞争力并有效改善经营效益，能够做到节约成本开支并一定程度上降低产品的售价。这是企业家在进行企业成本管控时必须要了解的原理。通过这样的管控，企业才能走上正确的道路来增加利润，同时提高企业竞争能力。

2. 通过技术革新，降低成本

还有一些企业通过技术革新，能够做到降低成本，而让自己的产品远比其他同类产品售价更低，这样，竞争力就得以大大加强。又如，另一些企业利用直销、降低库存和加快资金周转这样的三张王牌，让产品的成本和管理的成本都得到了大幅度降低，为企业和消费者都带来了更多的利益，也使得产品在价格上获得了竞争的优势。

及时清除系统损耗

对于一个企业而言，系统损耗是相当可怕和惊人的。所谓系统损耗，是指当企业的组织系统、运营规则和指导方针充分建立起来之后，企业上下员工并没有将它们持续地贯彻到实际工作中，结果导致产生的结果和预期恰恰相反。**通过消除损耗，是能够明显提高企业利润竞争力的有效途径。**

某家地方报业集团公司的财务部总监发现，财务部门在给客户开出发票的时候，经常会出现错误。尽管整个财务部门努力了大半年，但还是没有发现怎样去解决问题，由于他们没办法解决这个问题，企业会每年多付出不少成本。

在这种情况下，企业从不同部门和岗位中抽调出十余名员工，组成专门的小组来解决问题。首先，他们集中开会，了解系统损耗是怎样产生的；然后，员工们分别深入到不同过程环节中，去了解系统内存在哪些损耗现象。

为了能够更好地理解系统的过程，这个小组的成员还专门设计了一幅流程图，这样，问题很快浮出水面。

例如，一些成员发现，之所以开发票会出错，其中80%的问题都出现

在没有能够严格去按照客户给出的订单数字来开设发票。当财务部门向客户开出发票的时候，由于没办法去追查市场部门的市场订单，结果引起之后的很多麻烦。

经过检查，小组成员发现，事实上工作人员虽然接受过怎样接受订单的培训，但企业后来又告诉员工们，不要去重复记录订单的数字以免造成太多的文件记录。结果，企业的政策和实际工作脱节了。

这只是一个小小的例子而已。后来，该小组针对许多引起系统损耗的问题进行了不断的改进。一方面，他们对其中造成严重损耗的问题进行了修正，并对员工培训的课程进行了修改，企业内部的操作系统也重新进行了编写，确保在开始生产加工之前，数字是准确无误的。另一方面，企业将会用传真和网络联系的形式，对订单上的数字、客户都进行准确无误的验证，力求将出错或者争议压缩到最小限度。

为了确保系统损耗的减少，企业还专门绘制了新的工作流程图，并结合这样的流程图，对员工进行了新的培训。接下来，财务部门欣喜地发现，出错的情况几乎不见了，而企业和客户之间的关系也有了很大的改善。

根据后来的报告显示，消除系统损耗，能够使整个集团降低成本并提高利润，工作效率提升的同时，内部员工之间的关系也大大改善。集团获得了更多客户的关注，不良的工作问题被解决，而员工的责任性和灵活性也增加了。

事实上，许多企业都发现，系统损耗虽然看起来并不惊人，但却会造成大量浪费，而其中的数额实际上占据了企业可能获得利润的大部分。

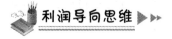
利润导向思维 ▶▶▶

一般来看，企业系统损耗的具体原因很多，但却有着一些相似的原因。

1. 企业领导者自身与企业内部因素

企业领导者从来没有对贷款进行恰当的监督和审查；企业领导者没有及时地安排入职培训，结果导致新员工无法正确使用系统；企业中的不同部门、不同员工都有各自独特的工作方式；企业领导者并不了解系统使用情况，无法判定系统是否得到了正确使用，结果是否正确使用了系统，企业领导者并不清楚，导致政策和实践之间形成很大差距。

2. 企业领导者应深刻认识到系统内耗带来的后果

无论具体什么原因，当系统内耗越来越大，企业的规则就无法稳定地贯彻，而企业的业绩也就达不到预期效果。这样，客户眼中企业的形象也就难以获得提升，随之而来的将是企业利润的下降。

必要时的"外包"

在过去，当企业想要销售一种产品时，它们必须具备核心能力来开发这样的产品并获得利润，包括设计、研制、生产、配送和销售能力等，并需要由企业的领导者在企业内部进行协调，从而将上述能力进行有效的整合。

但是，**今天的企业为了获得更多的利润，不可能依然只是靠自身的力量来完全履行上述过程**。通常来说，企业只是集中力量，提供一两种主要的能力，如其中的设计和营销部分，而将其他部分的工作外包给商业合作者或者贴牌生产企业。这样，由于后者具有迅速生产而低价供应的能力和规模，就能提供给整个企业更多的利润。

将产品外包给其他企业的做法，能够大大降低企业生产产品所需要耗

费的精力和成本，使得企业能够迅速投入到更多更广的市场中，并迅速建立起竞争的优势。可以说，绝大多数企业除了自身的核心业务和主要资源之外，只要符合企业经济发展的合理性，其他的附属或者支援性质的企业，都可以完全交给其他商业合作伙伴来做，这样，企业能够享受到专业的服务，同时还能够有效降低成本。

在众多企业的外包业务中，惠而浦公司的外包业务可谓独树一帜。

十余年前，美国家电巨头惠而浦公司的领导层发现，整个企业的赢利数量相当低下。其中重要的原因就在于，将企业生产出的商品不断运送的成本越来越高。这家企业在美国有11个工厂，但这些工厂却在独立地处理自身的后勤工作，这样，企业之间供应的路线相当混乱，而各家成本也难以得到有效控制。最终，企业领导层认识到，如果想要节省开支，就应该首先将11家工厂的后勤工作充分统一。

考虑到为整个惠而浦供应产品的厂家有700多家，而每年需要运输的产品和原材料在总数量上超过了25亿磅，这样，在11家工厂之间来回调配的物流卡车就难以得到有效的协调和合作。例如，不同的卡车可能在同一天去同一家供货商接收原材料或者成品，而事实上，这些原材料和成品是可以用最少卡车就装完的。结果，运输情形混乱不堪，并造成了大量的浪费。

惠而浦公司认为，自身是生产型企业，对于后勤业务并不算是精通。因此，将后勤业务进行外包也算是个不错的选择，就这样，该企业开始寻找合适的后勤外包公司。他们通过一家合作的商务咨询公司找到了15家公司名单，后来又从中不断筛选，最后确定了莱德公司，并和他们签订了五年的合同。对此，公司领导层解释说，莱德公司是在谈判阶段就坚持研究惠而浦公司生产和后勤活动的企业，也是愿意为他们节约开支的企业。

在双方签订的合同中，莱德公司承诺，一定会为惠而浦公司在运输方面做到可以节约开支的此例目标，如果达不到这一点，差额部分将由他们来赔偿。反之，如果超过了这个目标，那么节省下来的开支由双方平分。

莱德公司开始工作之后，首先着手于打破惠而浦公司内部工厂之间的隔阂。这家咨询公司改变了原有的运输格局，尽可能地将回程的卡车装上新的货物。为此，莱德公司还专门在克利夫兰建立了一家为惠而浦公司服务的后勤指挥中心。另外，两家公司相互之间的管理系统进行了有效联网，这样，该指挥中心可以根据每天的运输情况，将一些不需要自身运输的货物外包给市场上的卡车运输公司来运输，从而有效节省内部的运输力量。

当然，仅仅依靠这样的全面改革，不可能达到合同中惠而浦公司进货和运输方面节约开支的目标。很快，莱德公司又着眼于对该公司的仓储业务进行管理。例如，莱德公司记录下惠而浦要花费多少时间才能从供应商那里提货，并查清楚其中每次耽误发货时间的问题究竟是在哪个环节出的错。如果是供应商出现的问题，那么莱德公司就会及时向惠而浦公司提出报告，这样惠而浦公司就会采取必要行动；或者将由于供应商问题导致的额外支出或亏损计算在供应商的账目上，或者选择其他供应商。通过后勤指挥中心提供的这些信息，惠而浦公司分析了供应商经营情况，并发现了降低成本的更大空间。

除此之外，莱德公司还从其他方面为惠而浦设计了新的办法，能够积极有效地开展其主营业务。例如，惠而浦在其一家冰箱厂旁边，建成了面积为11万平方英尺的装配包箱厂，生产专用的包装组件，用来装盛惠而浦冰箱上的包括抽屉、架子、制冰格和其他组件。通过莱德公司的服务，这家企业的车间情形为之一变：原本车间杂乱不堪，导致工作效率下降，现在却与之相反，车间里面秩序井然，不同的零件和附件安放齐整，工作效率也得到了很大提高。

惠而浦公司经过将后勤业务外包给莱德公司，对整个企业后勤系统进行了大范围的改组，精简了相关的运输业务，并重建了联系不同方面工作

的系统，调整了其中不合理部分。最终，惠而浦公司和莱德公司将运输原材料的费用减少了 10% 以上。

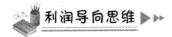

利润导向思维 ▶▶

将工作交给其他企业来做，能够很好地改变自给自足的情况，而拥有更加专注的生产服务力量、更加高效的经营效率。

下面是一些常见的外包形式：

1. 生产外包

所谓生产外包，就是将传统上应该由企业内部员工负责的非核心业务或者加工阶段进行外包，提供给专业和高效的生产商以获得服务。这样，企业就能充分利用外部环境中最优秀的专业资源，做到有效降低成本并让效率得以提高，从而充分增强自身的竞争力。

由于生产外包的优势，全球的成功企业已经共同采用了这样的做法。通过选用这样的形式，如果企业在价值链中的某一环节没有做到最好，就应该将其外包给其他在特定方面具有竞争优势的企业。这就需要企业领导者首先对自身的核心竞争优势进行确定，并将内部的资源和能力集中到这样的活动中，而将其他业务外包。

由于每个企业的能力和资源有着区别，因此，当今环境下，几乎没有公司能够什么都可以做到，更不可能什么都做到最好。企业必须集中资源和力量，去选择力所能及的领域，并在这样的领域中形成技术和规模上的优势，成为领域中的领导者。否则，只有退出这样的领域，并将其外包给其他企业。

2. 后勤外包

在企业规模不断扩大的情况下，想要搞好企业内部的后勤供应工作，需要花费越来越大的精力，这意味着，越来越多的企业——尤其是生产制造型企业，可以通过和专业后勤公司进行合作的方式来巩固后勤环节。

设计合理的管控系统

降低成本，是企业利润导向思维中的永恒主题。在市场经济的环境中，企业必须积极参与竞争，不仅要树起获取利润的大旗，同时也要设计合理的管控系统并进行运作。

目前，在严酷的市场环境中，**企业成本管理**的重要性尤为突出。特别是在中小型企业中，管理者成本理念不够，员工素质不高；成本管控目标不够，缺乏长远意识；成本管理模式、方法和手段较为落后等。

企业管理者应该明白，企业不可能总是通过品牌效应或者产品创新来获取更多利润。和这些方法相比，通过成本管控，使得产品成本最低化，无疑是获取利润的主要途径。事实上，进行成本管控，也是许多企业发展和成长的必由之路。虽然很多企业家都憧憬那种颠覆性的创新工作，但归根结底，在实现这些创新之前，企业需要的更多的是那种看起来"笨"的成本管控体系。这是因为，成本不可能独立地存在，它需要和成果相互依存，不管企业付出多少资金或者资源，只要没能产生相应的生产经营成果，就不能将之看作成本，而只能是浪费。

因此，在对企业进行成本管控时，必须要采用系统化的体系，来让所有的资金和资源集中在对生产成果的创造上。通过这样的体系，管理者可以采取有效方法，减少浪费，或者通过投入更多资源来产生更多的成果。

有效的成本管控体系，必须符合下面几个条件：首先，企业管理者应该清楚成本集中在哪些流程，并努力控制这些方面的成本；对于成本的控制不能简单地"一视同仁"，不同方面的成本控制方法，需要有不同的特点；有效的成本管控体系，必须要针对整个企业，而并非某一个工作

环节。

一家微电子有限公司,专门从事集成电路研发、设计和应用,主要为客户提供电源、LED驱动、显示控制驱动等方案。目前,每年销售额上亿元。

该公司成立于2005年,当企业开始走向正轨之后,来往业务、产品种类和范围都在不断增多,为了提高财务效率并降低成本,公司管理层决定加强信息化。

起初,管理层接触了不少财务核算软件,最终经过慎重选择,确定了和某一大品牌财务软件的合作。这一软件能够及时提供各种报表、数据,和客户之间对账的效率也大大提高。同时,由于财务总账模块的成功建立,也为企业进一步建立信息化的成本管控体系带来了良好基础。

由于该企业的特定行业需求,产品需要拿到专门生产企业进行再次加工,因此,企业从订单产生到采购再到生产,整个期间起码在三个月以上,而在这个周期中,客户需求和市场行情也在不断变化。为此,企业领导层决定在总账模块的基础上,全面建立成本管控体系。

该企业领导层意识到,采购在企业的成本中占据相当重要的地位,因为企业的每笔订单中,购进的零部件、辅助材料要占据产品价值的40% ~ 70%。因此,在获得原材料的过程中所耗费的成本,要远远大于企业的其他成本,这也意味着管控好这方面的成本能产生质的重要意义。

实际上,这家企业很早就意识到了采购过程中的成本问题,但却因为采购档案的保管不当,而难以找到有效的管控方法。例如,规范的采购管理,要求在询价的过程中,能够对不同价格、不同型号的设备进行单独询问。但采购人员却经常将不同规格、不同型号的设备进行打包询价,而每次打包询价时具体的方法都不同,这样,询价信息就无法在之后进行比较,而管理者在决策的时候更是难以把握和确定。

其次，库存管理方面，员工工作量较大、库存物流周转起来速度也快，经常导致挤压问题严重。而在使用了新的系统之后，不同业务系统相互集成，包括采购管理、库存管理等，都进行数据相互集成传递，能够及时动态地发现不同的成本数量对业务影响，便于企业对成本结构进行优化，避免成本浪费给企业带来不必要的损失。

利润导向思维 ▶▶▶

想要建立好对成本管控的体系，必须要抓住企业运营中的重要成本中心。这些中心包括资金运营、分销或者原材料采购和制造过程。例如，资金使用的最大化，能够避免资金限制，可以让成本得到良好管控；又如，分销成本可以避免渠道中的成本浪费；原材料的成本控制，能够让原材料最大限度地转化到产品的价值中等。

成本管控体系的建立，并不是对企业资源或者现金单纯、被动地节约，而是要通过在建立管控体系中更多地改善和创新去实现。下面几个方向的建议，值得企业领导者进行参考和使用。

1. 运用先进技术提高企业成本管控能力

如案例中那样，采取先进的信息技术，建立合适的系统平台，能够有效地减少重复性工作，并减少企业内因为员工主观因素或者客户、市场变化等客观因素造成的信息沟通失误。这样，企业对成本管控的能力就会大大增强。事实表明，越是能够早一点建立起先进的信息技术系统，越是能尽早提高企业的成本管控能力。

2. 合理安排人力资源

一些企业为了节约人力资源的成本，总是习惯用较低的工薪去聘用员

工处理工作，结果，这些缺乏能力或者经验的员工造成的失误，导致企业需要花费更多时间去检查和改错，甚至可能丢掉重要的订单，造成更大程度的成本浪费。因此，企业领导者需要招聘合适的员工，寻找合适的外部咨询顾问以及确定更加合适的供货商、合作者等，在人力资源上有充分投入，从而降低成本被浪费的风险。

3. 确定日常作业时的规范

只有企业中所有员工都进入对成本重视的状态中，企业的成本管控体系才能得到顺利建立并运作。为此，企业领导者应该采取节约用电、资源回收、废料分类等措施，将节约成本、控制消耗看作企业文化的重要环节，落实并融入到企业中每个员工的日常工作乃至生活习惯中，这样，就能塑造出企业的节约文化和风气，让员工适应成本管控，而并不只是喊喊口号。

总之，企业进行成本管控的过程，应该运用全局视野并改变思考方式，从而全面检查不同管理层面的议题，有效降低整体成本。

定期做成本分析

成本对于企业的生存、发展有着至关重要的意义。成本高低，不仅对企业的获利能力有着直接影响，更会决定企业的发展状况。因此，企业领导者不仅要重视对成本的管控，还要**对发生过的成本进行合理的归集与分配**。这就需要领导者定期进行成本分析。

成本分析和评价，在企业的日常管理中，有着相当重要的作用。通过成本分析，能够检查成本管控计划是否完成，并为之后的成本预算编制提供重要的参考信息。

因此，成本分析是一项相当深入和细致的管理工作。为了确保这样的工作能够得到顺利地实施，并使分析的结果能够恰当体现出成本管控的实际情况，企业所进行的成本分析必须要对改进企业成本管控工作富有直接成效。

日本的太阳工业公司，将成本分析落实到各项常规工作中，甚至他们每次召开经营会议，都要进行定期的成本计算。在会议召开时，一个醒目的成本分析表会张贴在告示板上，会议成本＝（开会人数＋每小时平均工资的 3 倍＋开会的小时数目）×2。之所以用这样的公式，是因为会议的劳动产值应当高于员工平均的工作，应该乘以 3；而乘以 2，是因为参加会议需要员工中断原有的工作，其损失需要用 2 倍来计算。因此，参加会议的员工人数越多，整个成本就越多，而这样计算下来，每个会议的成本在几十万日元到几百万日元。有了这样的成本分析，员工开会的态度就会慎重很多。

另外，太阳工业公司经常利用周六下午和周日全天的时间来召开一些会议，在召开会议之前，会将会议成本分析结果事先告诉所有参会人员。这样的定期成本分析，不仅包括会议，也包括企业其他的运营项目，通过定期进行成本分析，太阳工业公司实现了对成本的更好管控。

在定期开展成本分析的过程中，企业应该注意好下面的要求：

首先，应该将事前的成本分析、事中的成本分析和事后的成本分析进行结合，实现对企业全部流程工作的成本分析。这样，就能实现对产品投产前、生产过程中和生产过程告一段落之后，进行全方位的成本分析。

其次，在定期的成本分析中，企业应该同时注意定量的分析和定性的分析。既要防止用纯粹的数字计算来代替全面分析，又不能毫无根据地完全按照某一侧面的事实就得出结论。领导层必须能够在定量分析的基础上，对成本进行定性的科学分析，从而得出正确的结论。

最后，定期的成本分析不应当成为一种例行性的工作。每次成本分析，必须要有充分明确的目标，用这样的目标来作为分析标准，并作为对

成本管控体系修改的依据。为此，企业应该定期抓住那些对成本影响最大的环节或者项目，这样才能让定期分析获得应有的效果。

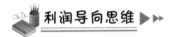

利润导向思维 ▶▶▶

企业进行定期成本分析，应该遵循一定的工作程序。例如，应该先掌握情况并拟定好分析的提纲，如企业的生产计划、核算资料、实际情况调查研究、企业历史资料等。通过对这些信息的分析，掌握一定的情况，拟定好成本分析的内容步骤，并逐步进行实施。在具体分析中，应该根据事先制定好的分析目标，将有关指标的实际数字和计划数字进行比较，并参考竞争对手的数字，这样，就能够获得企业成本管控工作的评价并得出下一步管控的重点方向。而在定期分析之后，还应该对分析出的结果进行原因分析，并查明其中的原因，提出改进的措施。

当然，企业的定期成本分析固然重要，但掌握正确的方法更为重要。因为企业的成本分析方法只有和具体的分析对象、内容的特点和要求紧密结合，才能获得最好的效果。

下面是可以利用的分析方法。

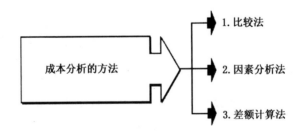

1. 比较法

企业成本定期分析的方法是比较法，有了比较，才能有所鉴别，并获得成本管控水平的发展。在这种方法中，可以利用当期同一个指标的计划数字和实际数字进行详细比较，从而检查成本管控的状况；还可以利用本期实际数字和同期历史最好数字进行比较，从而了解企业工作改进的状况；或者利用本企业的成本数字和行业中先进企业的成本数字进行比较，并明确企业的水平，从而找出目前客观上存在的差距，明确如何挖掘出更多潜力。

2. 因素分析法

企业还可以根据影响的因素对成本进行分析。在这种分析方法中，可以将对比分析法中所明确的差异，作为更进一步的分析对象，从而找出导致差异的成本管控因素，并计算这些因素是分别在多大程度上影响成本管控的。

例如，可以将产品材料成本中的因素分为产量增减、单位材料消耗量和材料单价高低三种，然后，再分别计算分析这三个因素各自影响了多大程度的材料成本。

3. 差额计算法

这种方法是因素分析方法的简化形式。利用这种方法，能够对不同因素的实际数字和计划数字之间的差额进行分析，从而明确不同因素是如何对计划完成情况有所影响的。

当然，企业具体的生产经营活动中，总是有大量的因素交织在一起，对企业成本产生影响。因此，单独采用某种方法来分析成本是僵化的和机械的，应当进一步进行调查研究，掌握好充分的材料，才能准确地查明原因，并对企业领导层提出改进成本管控的决策做出切实的保障。

削减各项管理费用

毋庸置疑，那些管理费用较低的企业，具有更低的成本优势，因此，

在竞争中的优势无疑也更大。企业领导者应该由此看到，削减管理费用，对企业未来竞争和获取利润有着相当重要的意义。

在控制管理费用之前，企业领导层要明白这样的事实：**为了提供优质的产品或者服务，并不一定需要较高的管理费用；反之，较低的管理费用，也并不一定代表产品或服务的水平就会降低。**

不妨来看看美国标准件公司是怎样控制和降低管理成本的。

美国标准件公司主要生产建筑和运输工具。该公司曾每股收益4.07美元，但之后降低为每股2.20年美元，为了控制好劳动力的成本，这家公司将高级管理人员的报酬削减了5%，并通过解雇、退休的办法，让员工减少了17%。对此，这家公司副总裁承认，这样的过程相当困难，但却是必需的。

事实上，该公司的领导层发现，在经济环境较好、业绩上升的情况下，企业或许能容忍那些缺乏努力的管理员工，而需要控制管理费用时，就不得不首先考虑他们了。这是因为，一个企业的高级管理人员给企业所带来的实际成本开支，往往是其年薪的两倍。通过更多的分析就能知道，这些成本包括高级管理者的福利费用、办公费、招待费、秘书费用、差旅费用等。因此，通过解雇了高级部门经理，就能够节省更多的成本。

相比较而言，沃尔玛对管理费用的控制则更为主动。

众所周知，沃尔玛的成功来自其"天天低价"的优势，这样的优势同其对管理费用的控制无法分开——沃尔玛的业务流程都是围绕管理费用的降低而形成的。

例如，沃尔玛对配送的管理有自己独特的系统，因此能够采用低成本来对不同门店进行配送，由于这种配送的方法，能够使其形成每天的低价格销售，而这样的销售量，又能够使得销售量进一步加大，从而获得较竞争对手更多的业绩。更为重要的是，沃尔玛利用其自身建设而成的信息系统，能够做到让沃尔玛总部在一小时之内就对全球库存、销售情况进行一次盘点，并及时了解销售情况，这也大大减少了这些门店每天的管理费用。

不仅如此，沃尔玛的企业核心也在于控制管理成本。沃尔玛员工的行为制度在于忠实顾客，将富有价值的产品提供给客户，这就必须要做到有效地在管理中注意每个管理者行为，并确保这些行为能让成本得以控制，从而给顾客带来更多实惠。

通过这两家企业的案例能够发现，对管理费用的控制，更多来自企业管理者对自身工作的观察和总结，而他们也需要了解管理费用所受到的不同影响。

首先是企业规模。企业规模的大小，对于管理费用的高低有直接影响。通常而言，规模较小的企业，其资产较少，而管理人员、相应税费、工资福利开支等都较少。反之，企业规模扩大后，管理费用就会相应增加。这是因为当企业规模扩大后，企业的生产经营活动会更加复杂、难度更大。

其次是企业组织结构。企业组织结构的合理性，能够对管理费用的多少产生影响。同样，企业管理水平的高低，也关系到企业生产经营工作的不同环节，从而体现在管理费用的高低水平上。因此，如果企业能够获得更为现代化的管理工具、建立更为先进合理的组织结构，就能够为企业控制管理费用打下基础。反之，管理费用的高低，又能够反映出企业管理水平的高低，并能够为调整管理方法提供评价和借鉴的依据。

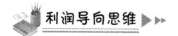 **利润导向思维** ▶▶

为了做好对管理费用的控制和降低，企业应该做好下面的工作：

1. 加强管理费用的预算控制

采取一刀切的控制方法，显然不容易适应企业在实际管理过程中所出现的自身情况。因此，当企业领导层进行管理费用预算时，并不能完全按照上年的实际成本进行增减，而是应做到结合实际需求。这就需要管理者在每次进行管理费用预算时进行论证和申请，以当年年度的经济环境、政策变化、市场情况和管理需求等为基础，综合考虑合理性和必然性，从而定出管理费用的具体范畴，将有效的管理资金安排到适当的管理活动中。

2. 对管理费用进行分别控制

企业应该根据管理费用的不同类型，将管理费用分为三种：不可控费用、可控费用和重点可控费用。其中，不可控费用受到宏观影响更多，如税金等，应该关注经济政策变化，从而最大可能地去降低管理费用；可控费用则受到企业对组织结构调整、管理水平提高程度的影响，例如，职工的薪酬、企业机器设备维修的费用等，对于这类费用，企业应该制定长远的控制政策，并结合企业的未来发展，制订长期而有效的控制计划加以实施；重点可控费用，包括那些可以减少的费用，如办公费用、差旅报销费用、客户招待费用等，对于这类费用应该进行严格的考核，不允许超支，积极节约，并和相关责任人的奖金进行挂钩，实现奖惩制度对管理费用的控制。

3. 建立集中管控和部门负责的双层控制制度

集中管控，意味着企业的总部需要对企业普遍发生的管理费用进行管理，包括办公用品采购等，可以由企业总体进行管理、采购和招标，从而降低价格，减少管理费用。而部门进行负责，则是将管理费用的不同项目进行分解，并落实到具体的职能部门中，再由具体的职能部门对自身的运营费用进行考核和节约管理。

第八章

平衡企业现在与未来，
让利润滚雪球式增长

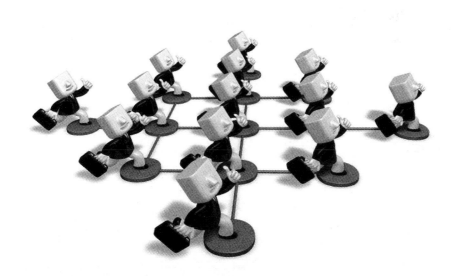

利用集群效应，构建发展新思路

目前，不少企业还没有完全建立起正确的企业经营管理办法，这也成为了影响诸多企业获取利润的经营通病。这些企业的经营大都只是沿袭了曾经的小规模时的个体经营管理模式，但这样的模式显然不适合新时代下利润的需求，应该及时进行转变，成为现代企业的管理经营模式。这需要企业家能够及时思考，寻求下面问题的答案。

企业内从上到下的员工是否真的已经明确了自身的整体战略思路？在面对危机时，怎样让企业的经营始终处于安全状态？在企业的成长过程中，应该怎样做好企业发展的阶段安排？

寻求这些问题的答案，才能**有效指导企业跳出既有的发展思路，寻求新的发展方向，开发并利用好集群效应。**

某企业以经营工程建设项目为主业，同时兼营水利建设。该企业在多年的经营中积累了一定的经验，同时也发现，水利工程项目主要为政府投资，因此，企业在这方面的经营，并不完全是处在市场经济的竞争状态下，而且企业想要获得投标，更多可能依赖政策或者人脉资源来进行。因此，虽然水利工程的项目毛利率在30%以上，年净利率为10%，赢利水平较高，但长远来看依然没有信心始终将之作为主营业务。

另外，该企业在2005年投资了一处锰矿，整个矿产面积约15平方千米左右，根据勘察报告，其总储量在300万吨左右。目前该企业已经有了探矿权，而采矿权则还在申请办理之中。

随着企业的发展，该企业的老总发现，原有的企业规模较小的情况下，自己还是可以很容易地抓起不同部门工作，但是当企业规模扩大之后，自己已经难以全面去监控企业的所有部门。而且，该企业在管理方式

上较为粗放，组织结构并不健全，没有利用好企业的多种业务进行集群化发展。

摆在眼前的问题是，从组织赢利能力来看，企业如果想要构建其未来的集群化发展之路，其组织结构、运营管理的思路究竟应该怎样进行？而在进行对市场份额的抢占、对管理的加强过程中，应该怎样同时针对工程项目的建设来提高利润率？

经过企业内部自身研究和对咨询专家的请教，老总认识到，对于企业未来的集群化经营，要做出合理的安排，这样的安排应是阶梯形的。首先，要将水利业务发展成为主营业务，在五年内将业务聚焦其中，并通过这样的业务，积累相当的现金流，从而为企业其他业务发展做出支援；其次，将锰矿业务在未来的十年内布局成为成长中的业务；最后，开发种子型业务即对外投资业务，在未来的15年内进行规划和发展。

通过这样的规划过程，企业找到了清晰的战略，将主营业务、成长业务和种子业务加以捆绑，并形成相互促进的集群效应。

利润导向思维 ▶▶▶

想要让企业形成整体长远的战略思路，需要从战略规划中看到环境中的机会，并分析企业已经获得的经验，从中找到如何开发成长和赢利的机会。其中所需要思考的关键在于：企业在不同业务上经营的环境水平、未来市场机会、现有经验多少、企业整体成长受到的影响等。

当然，企业的战略规划过程必然会给企业家带来一定的危机感，事实上，任何企业的经营都必然随之存在风险，而想要完美解决，一定要做到让企业的集群化公开透明，并能够反映出企业整体的意愿。

下面就是让企业实现"安全化"集群发展的策略。

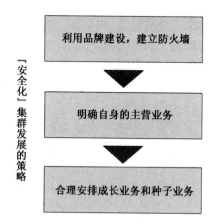

1. 利用品牌建设，建立防火墙

企业想要获得安全的集群化发展，一定要具备"防火墙"的概念。即要求企业不仅让自身拥有独立的法人资格，同时也要让分别负责不同业务的子公司变得相对独立。这样，即使某个子公司或者分公司出现了问题，也能够确保总公司利用其独立的法人资格来规避经营的风险。

当然，在企业集群化发展的过程中，企业领导者应该同时重视质量、信誉和规模。这是因为，企业的质量和信誉是企业集群化长远发展的最基本保障，这也要求企业的管理必须越来越规范化；而企业也应该注意，当规模逐渐变大的情况下，随着业务项目的增多，在单一产品或者服务上获取的净利润并不多，但总利润是可以随着规模化而提高的。因此，企业在适当条件下要敢于出击、扩大规模，通过成功的管理让企业的利润点更多、更安全。

2. 明确自身的主营业务

一个企业对于未来的长远规划，一定要能够包含企业未来发展的张力。当企业发展得越大，其战略要求就越高。而其中，主营业务的好坏会直接决定企业发展的原动力。

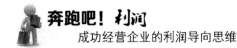

因此，企业领导者必须要明确自身的主营业务，这些业务的特征表现在资产和流动支出是否匹配上，只有达到相互匹配的效果，主营业务才能做到成功地聚焦。在业务层面，企业领导者必须要突出主营业务的重要性，并强调其稳定性。在没有做到这一点之前，就不能去盲目寻找新业务、成长业务，否则很容易导致企业失去最基本的服务项目。

对企业主营业务的聚焦，要求整个业务的价值链条不能拖得太长，否则，有可能导致企业在短期内的现金流难以得到有效供应，反之，更短的业务价值链条能够让资金得到迅速积累，这样主营业务就很容易获得利润并"滋养"其他业务。

聚焦主营业务，意味着企业明确未来发展动力，根据这样的动力制定相关时间表，企业就能获得发展的新思路。

3. 合理安排成长业务和种子业务

想要让企业的发展思路更加清楚，就需要企业对主营业务进行延伸。在这样的过程中，企业决策层必须能够将问题看得更清晰，不仅看到目前企业的发展状态，同时还要能准确预测企业在十年后的发展。这样，才能对成长业务和种子业务做出合理安排。

在安排过程中，既要做到有充分的勇气，也要能够合理安排，这样，战略的布局性才会更强，从而保证其中每个业务在成长过程中，都能有其他业务作出相关支撑。

另外，企业的成长业务和种子业务，在行业上一定要相关，在一定程度上形成相互影响带动的梯度关系，才能更好地延伸下去。

怎样才能实现企业发展"三级跳"

企业能够由小到大发展，既是利润的不断累积提高，也是自身服务能力、经营能力可以从小到大、从弱到强的成长过程。想要让企业在发展中实现"三级跳"，应该通过包括制度创新、技术创新、管理创新等诸多方面的创新，提高企业的赢利能力。这样，一个清晰的赢利模式就可以让企业的发展更为迅速和有效。在构建这样的赢利模式过程中，企业领导者应该考虑下面的问题：**当企业具备了低成本优势时，能否进行适当的营销行为和这样的优势相匹配；当企业自身弱于竞争对手时，如何决策才能避免竞争中的失败；企业是否有清晰的长远规划，去带动自身的发展和变化。**

　　一家位于西部的液化气经营企业，有着较大的生产规模和销售能力，能够将铁路、公路运输、储存和销售服务结合为一体。公司有着数十万用户，并能够实现每年十万吨左右的销售量，在相关供应市场占据了重要的地位。

　　但在 2008 年之前，这家公司长期处于负资产的状况中，直到 2008 年之后，新的总经理接任了这家公司的领导者职位，才逐步转向获利。他是如何做到的呢？

　　实际上，他对公司的经营战略做出了富有远见的调整与布局。

　　首先采取低成本的扩张策略。在这家企业的原有经营管理流程中，当炼油厂生产出气体之后，通过铁路运输直接抵达企业。这样，企业如果能以低于竞争对手的成本价格来作为液化气产品的售价，就可以迅速提高企业的竞争力。

　　很快，在采取了低成本策略之后，这家企业占领了当地市场中的一部分份额。然而，直到此时，该企业总经理才发现，企业实际获取的净利润并不高，原因在于产品价格太低。而如果不能采取这样的低成本，企业的市场份额也显然不可能得到这样高速的提升，因此，他决定进一步和竞争对手合作。

　　之后，本着合作共赢的原则，这家企业和某家大型石油公司达成了合

作协议，成立了合资公司。通过这样的合作，双方各自发挥优势，进行相互支持，由该企业利用大公司的优势，获得较低的成本价格，并从中获利，同时也能分享该公司在其他领域获得的经营利润。企业则将自身在市城区的主导地位和销售网络和对方共享，帮助对方在终端领域获得经营部的扩张。

通过这样的合作，最终达成了显著的效果，该企业在本地区同行业获得了相当的领导地位，并重新打造了当地液化气的终端销售体系，而公司的进货渠道也获得保证。

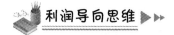 **利润导向思维** ▶▶▶

企业想要获得"三级跳"，应该从上述案例中吸取一定的教训和经验，并进行完美的利润获取：

1. 防止陷入单纯低成本扩张

案例中的公司在最初的竞争中，战略的选择思路很清晰——低成本竞争。而采用此种竞争策略的好处在于，市场的占有率能够得到大幅度提高。因为当顾客对于价格较为敏感的时候，能够获得更低的价格，就能够支撑企业得到更多占有率，获得更多销售量。但问题在于，仅仅采用这样的方法，企业难以通过提高的销量来获得单位利润的补偿，企业整体实现的总利润不高，没有能力支撑"三级跳"的完成。

2. 靠服务质量推动

想要开始"三级跳"，企业应该在具有成本优势的基础上，提升服务质量。当企业能够在某一细分市场部分中找到优势并进行发挥时，就应该突出自身的特色来进行经营，发现客户的特殊需求，并能够提供与众不同的服务来促进企业的生产，靠与众不同的服务质量去推动自身的发展，并在市场中获取一席之地。

当然，如果企业能够获得较低的采购成本，其能提供的服务质量就会更强，并更好地促进企业在市场中获得竞争力。

3. 靠企业产品质量推动

当企业发展到一定程度之后，仅仅依靠服务质量已经无法完全满足企业发展的需求，还应该依靠企业产品质量的提高。

产品质量，并非只是指产品在性能上的不同，还包括企业对产品的营销能力以及产品的品牌能力。这些综合要求，最终需要企业能够做到让产品和竞争对手的产品有所区分，从而找到产品的立足点来加以支撑。同时，这也意味着产品质量体现了企业控制资源的能力，因此，企业也应该试着去和能够影响产品质量的商业伙伴进行合作。

4. 通过和竞争者的合作，占据行业的经营主导权

对于众多中小企业来说，想要获得更好的生存、更快的发展，其重要途径，在于和大型企业建立专业化的分工，并形成密切的合作关系，从而进入其大规模的生产体系。这样，企业原有的那种散乱、零碎、缓慢的发展模式就会得到升级，依托大企业带来的规模经济，获得上下游不同环节的连锁优势，争取到经营的主动权。

如何让利润滚雪球式增长

在企业对产品的生产和交易过程中，如果产品的差异化优势没有获得应有的明确、不能够一目了然，那么，企业的营销就难以迅速完成，利润的累加则更为缓慢。这种情况会导致企业决策者将大量的时间、金钱、精

力投入在对企业的营销管理上，而能够实现的利润却相当单薄。

面对这样的问题，企业家应该进行积极的改善。**从战略、品牌和营销战术上进行综合改善，才能获得利润的翻倍增长。**

一家电力设备制造企业的主要产品是变压器。迄今为止，已经经营了十余年，成为该行业中有一定影响力的企业。该企业目前成为了国家电力企业定点生产变压器的指定企业，也是受到国家认可的高新技术产业。目前，整个公司的资产将近 1 亿元，占地面积数万平方米，有现代化厂房和高素质的员工队伍。

近年来，随着国家经济发展，该企业也迎来了新的机遇与挑战。然而，作为一家生产型企业，该企业产品的定价受到了原材料价格的变化和市场因素的影响。而其中，原材料价格的变化，对于产品的定价影响更加重要。

由于该企业行业的本身特点，从订单到交货的周期较长，一般都在半年到一年的时间。在这样长的运转周期中，利润很容易被原材料短缺带来的提价所影响。这样，企业的利润增速就会在无形中被影响。

同时，在企业经营中，影响利润倍增的还有市场上的销售竞争。行业中，一些原本生产中低档次产品的企业在利润竞争中已经落后，而该企业决定走高端产品路线来获取利润倍增动力的决心也因此而树立。

在请教了相关咨询专家后，该企业决定选择下面的路线来走出营销的困境、提升利润倍增的速度。

首先，加强企业品牌推广的力量，打造品牌价值，对企业的竞争方式进行改善，争取缓解直接的竞争压力。

其次，注重产品的质量，保证产品定价水平维持在一定程度以上，并对市场的需求进行深度挖掘。

最后，对产品的价值进行提升，改变产品的分类，对原有低端产品进行有步骤有计划的淘汰，从而打造出竞争的优势。

通过这些方法，该企业很好地实现了竞争力提高的目标，其利润的增长速度也超过了原先计划中的目标。

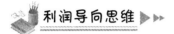

为了能在竞争中保持充分的优势、获得长期的利润增长能力，企业不仅要注意质量的监管，还要对品牌形象进行积极保持，从而让利润获得倍增。

1. 用差异化的功能打造产品质量

许多企业都希望自己的产品能够做到最好，但实际上，不可能有完美无缺不被取代和挑战的产品，因此，对企业意义更大的是能够在产品特色上做文章。这意味着，企业的产品应该和其他竞争对手的产品保持应有的差异，而如果是那些难以拉开差距的产品，也不能仅仅只是比拼质量和技术。而是应该在功能设计上进行更为细致的设计，找准切入点，即使只是和竞争对手有些许的改变，也能够让顾客从同一种类型的产品中找到不同，并收获迅速被发现和认可的效果，促进顾客对品牌更为清晰的认识，激发他们的购买欲。

对于企业经营者而言，能够使用良好的差异化策略，就应该让产品或者服务在其功能或者服务上的某个差异点和对手有所区别，并得到体现和衡量。这样，在客户比较和交易的过程中，产品的差异化优势就能够清晰展示，交易就能很快达成。

2. 对产品进行现实定位

不少企业在利润倍增的进程受阻之后，依然对自身产品的定位没有真

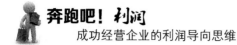

正清楚的认识，其产品并没有真正经过严格、系统的定位，甚至连企业自身的领导层在策划过程中也都难以说清楚。这样，就更不能指望市场对企业产品给出应有的定位，并打造良好的销售业绩了。因此，对于企业而言，必须将消费者的需求看作定位的基础，通过对客户需求的了解和认知，针对其特点，提出和竞争者不相同的产品定位，从而为客户展示出具体利益和理由来引发他们的购买欲。

为了能够明确产品在顾客心中的位置，即具体在怎样的细分市场上进行强有力的竞争，企业管理者必须要在产品的分类和定价方面对自身进行定位。

例如，如果企业目前具备应有的实力，而客户也有相应需求，那么完全可以在产品质量和品牌的定位上，从高端产品出发吸引顾客。当然，这样的做法有可能导致一些低端客户流失，然而，企业需要明确的是，只有产品的定位改善了，才能获得长期竞争优势。为此，他们必须要有所舍弃。

3. 用品牌拉升利润倍增

对于企业经营者来说，或许品牌的意义更多的在于让顾客能找到选择产品的符号，但对于顾客来说，品牌的意义则有可能直接帮助他们做出选择。

企业经营的决策，应该有助于让顾客选择产品、提高利润。为此，需要打造一流的产品品牌，让企业得到更多市场认可和销售机会。即使是在传统经营中那些看起来和品牌价值关系不大的制造业、生产业，也应该改变传统思想，进行主动宣传。例如，结合自身行业特点，通过不同的实践活动，使得市场对品牌产生认同感，并能够在潜移默化中对顾客的消费心理加以影响。这样，既能够让公众认识到品牌的价值，又能够促使他们更深入地了解和尝试使用产品。

让"提升价格"趋于合理

对价格的提升，是企业管理者在市场运行中必须作出的应对决策。提升价格，需要考虑提价的时间、地点、方式、幅度，并明确提价的原因。正因为价格制定包含如此复杂的因素，因此其决策才会充满风险，而并非表面上看到的那么简单，更不是管理者可以随意作出的。

和大多数企业管理者想象的不同，**提价并不是在企业获得充分肯定之后才能选择的方法，只要看准机会和时间，即使市场即将发生衰退的时候，也能够采取提价方式来获得更多利润。**

美国在线公司曾经在市场大幅度下滑的情况下，还是通过正确的提价决策，获得了超过 7000 万美元的利润。

2001 年，市场显示，美国的拨号上网业务已经接近顶峰，而美国在线公司作出了两种决策：第一，他们并没有降低价格，反而在面临外界竞争的时候提高了价格；第二，他们在采取提价行动的时候，和市场进行了先行沟通。

2001 年年初，美国在线公司发现，微软公司的 MSN 在市场中更加具有竞争力、大地连接、极速网络等，也采用不到一半的价格进入市场。同时，技术进步也威胁到了拨号技术——宽带技术正在被更多用户接受。

按照惯性思维来看，美国在线应该迅速降低价格并保持现有业务规模。但美国在线最终选择了在 2001 年 5 月，将价格从 21.95 美元的月租费，提升到了每月 23.90 美元。美国在线之所以选择提高价格，是基于这样的考虑。

首先，美国在线了解顾客有着较高的心理成本来进行选择。这是因为大多数客户熟悉美国在线的口号是"实用、简便"，因此，并不愿意改变

服务商。而顾客若真的选择改换到其他服务商，就会失去原来的邮箱和社交名单。

其次，美国在线认为，客户的增长速度会明显放慢。当时，该公司原来拥有 2300 万观看在线电影的客户。而这个数字是当时 MSN 用户的 4 倍。如果用户增长速度开始放慢，采用低价格的措施去吸引更多客户的难度将会增大，反之，通过提升价格、增加顾客所获的价值，将能够吸引到更多客户。

再次，顾客对于单一价格的服务已经习惯。由于该公司的服务总是需要保持应有的成本费用，因此，公司必须要制定更高价格来获取收支平衡，从而保持利润水平不下降。

最后，美国在线公司领导层认为，宽带技术必然会取代拨号上网业务，而对价格进行提升，则是美国在线公司在退出业务之前的策略行为。15 个月后，这家企业发布了宽带战略，而客户基础已经下降了 13%，剩下了大约 2000 万客户。但在这 15 个月中，企业已经每月从这些用户身上赚到了 1.95 美元，并提高了利润。

事实证明，如果企业领导层能够把握好情势，就应该找到正确的时间节点来提高价格，并采用正确的方式来同时避免业务量和利润的下降。

利润导向思维 ▶▶▶

美国在线公司即使在市场衰退的情况下还能提高价格，是因为其领导层明白，对企业的管理不仅仅要塑造自身的品牌价值，更需要塑造顾客应该追求的价值，通过提升价格，让自身的品牌和顾客之间形成对应、持久和稳定的价值关系。

事实上，更多企业在经营中都会遇到和价格相关的问题。例如，产品质量明明很好，价格也比较实惠，但销售量却始终难以提升；高端产品在价格上缺乏应对中低端产品的能力等。这些企业在试图提升产品价格时，就更应该考虑下面的三个方面：产品定位准确度；产品差异化程度；产品品牌附加值表现。将这三个方面和提升价格进行综合考虑，才能获得更好的提价效果。

在市场日趋成熟的情况下，通过合理地提高价格，企业才能获得更好发展。不妨从下面的方法中寻找最适合企业的提价基础和方案。

1. 价格和价值必须能有机平衡

价值对于企业而言至关重要，企业领导者需要知道，从价格上能够获得怎样的结果，自己能够给客户提供怎样的价值，而自身能够获得怎样的价值。为此，价格和价值应该可以做到有机平衡。这就需要企业能够用价值作为指导来进行定价，然后再获得提高价格的方向。

2. 打造品牌优势

对小企业而言，如果想要获得提价的优势，就应该从大局着眼，进行总体的布局。针对产品某一个特定的区域或者品牌进行稳扎稳打，巩固品牌优势，才能将其他大品牌无法顾及的价值进行开发。这样，当产品的价值得到塑造之后，企业领导层就会发现，企业的赢利状况越来越好，而企业进行提价的基础也更加充分。

3. 不同企业的不同提价策略

对于区域性的企业而言，在提价之前，先培育好自身的核心竞争力尤为重要。同时要求企业能够在某个方面中做到超越竞争对手，并能将有限的战略资源进行配置，将有限的人力、物力和财力等资源优化到适宜于提升产品价格的轨道上。而销售收入较大的企业，如果能继续在营销和思路

上进行创新，就能够创立出较为强势的品牌，更容易在有利的区域或者渠道环境中出奇制胜。

当然，想要获得价格优势，企业还必须做好产品的服务。优质服务是提高价格的最佳出路。这是因为价格的提升，来自于价值的提升，而客户价值的提升，来自对客户需求的了解。因此，企业如果能够在某一点上将服务做到极致，就能够利用服务带动产品的价值，进而提升价格。

适时转变经营导向

在传统的企业生产经营过程中，曾认为因供给而创造了需求——只要能生产，就会产生购买，并能够获得利润。然而，随着市场的发展，多样化和个性化的需求得到很大发展，而社会生产力的发展也带给客户更多的物质资源。这就意味着客户在进行消费时，会更多地看到自身的需求特点并予以重视，而对于企业来说，它们**必须提高自身的立足点，同时进行对眼界的拓宽，从而将注意力集中到客户需求的问题上。**

举例来看，在零售企业中，企业想要获得更高的利润，就需要真正以顾客导向来为营销进行定位，并如实考虑到下面的问题：企业有没有对商品组合进行统一规划；是否对产品采取了有效陈列和管理措施，从而促进其销售；有没有及时了解产品在市场中的淘汰或更新状况等。

下面的例子证明了企业经营导向的重要性：

一家地区性的眼镜连锁店，旗下有六家连锁店。综合来看，企业经营状况较好，但存货周转率较低。在企业领导层进行研讨后，决定对供应商进行选择。由于产品价格不等，从最低档上百元的产品，到数千元甚至上万元的高档产品以及较多的品牌种类等，让企业领导层一时找不到产品销售的重点，在产品推销上也难以抉择。而领导层也只能去选择那些对企业贡献较大的供应商进行销售。

但是，仅仅是对供应商进行的选择并没有带来相应的利润提高。此后，经过有效的营销导向改变，这家眼镜店的利润才获得提升。

该企业主要进行了下面的改变。

首先，改变了店面的陈列布局。该企业的店面原本缺少明确的指示，也没有导购员，因此难以为顾客提供说明和服务，更谈不上迅速把握顾客的心理去实现快速成交。在调整之后，眼镜店根据消费群体的层次，分为学生区间、白领区间、奢侈品区间等，不同的消费层次的客户进入店面之后，都能迅速找到自己的需求，同时，营销人员也能够针对他们的不同需求进行各自的引导和销售。

其次，在销售过程中，围绕客户提供导向性强烈的服务。该眼镜店尝试为客户建立了消费档案。在这样的过程中，不少客户体验到了自身需求被重视和尊重的服务感，在他们选择重新配眼镜的时候，自然想到了这家企业。由于该企业是连锁经营，客户档案共享，因此，客户选择到其中任何一家都能很快接受服务。同时，建立档案之后，该企业还根据档案的记录，定期对客户进行提醒，邀请他们来对眼镜进行清洗和检查，并对镜架进行校正，对视力进行检测等。这样，顾客就感觉到自己的消费并不是一次性的，而是让自己的需求得到长期满足，并因此而拥有了对企业的信赖感。

通过改变自身的服务导向，这家企业学会针对客户的内心需求进行持续服务，并因此而获得了营业额的提升。这说明，只有让企业获得更多正确的导向，企业才能从客户的回馈中得到更多利润。

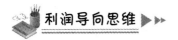 **利润导向思维** ▶▶

改变经营导向，意味着重视顾客导向。所谓顾客导向，是指企业将满

足顾客需求、增加顾客的价值，并以此来形成企业经营的新的出发点。这意味着，在企业经营的过程中，企业领导层应该尤其注意顾客的消费偏好、消费能力，并对其消费行为进行相关的调查分析，从而重视产品的研发和营销，能够做到动态地对顾客需求进行适应。通过改变导向，企业将能够避免脱离顾客实际需求，避免对市场过多的主观臆断。

采取顾客导向的营销方法，更适合于发展阶段的企业。这是因为企业到了发展阶段，已经拥有了一定的客户群，同时，在其营销组织的建构上，也达到了比较完善的水平，具有了一定的资源。这时候，企业就可以采取下面的方法改变经营导向。

1. 多元化营销

多元化营销的最大利益，是企业能够让新产品使用到旧的品牌资源。这种多元化可以通过研发、营销新的产品开始，而新产品和旧产品拥有大致相同的用户群，这种用户群上的相近，可以帮助企业透彻地了解用户并能够低成本、高效率地发现用户需求。而做到这一点，正是实现顾客导向的基础。

2. 对价值进行挖掘

为了做到顾客导向，企业应该对主要的产品或服务进行更多分析和挖掘，发现顾客从这样的产品或服务中得到怎样的需求满足。然后，企业通过提供更多其他类似的产品，提高企业对平均每个消费者的需求满足，进而扩大消费、提供利润。

3. 做好顾客导向管理

企业想要成功地改变经营导向，就应该在了解顾客需要和进行顾客信息调查之后，建立良好的顾客导向文化。对于企业而言，这将是一种挑战。因为这意味着企业投入的将不仅仅是领导层的参与和决策，也包括对企业每个员工进行的指导和要求，要求他们做到在这种文化中提供优质的服务。

下面的步骤是顾客导向管理的基本内容。

首先，对顾客需要进行调查和确定。想要永远留住顾客，就应该为他们提供充分高质量的需求服务。而顾客的需求既不是企业领导主观臆测的，也并非同其愿望相符合，只有顾客自己才能对其需求是否满足进行评判。为此，企业可以运用非正式或者正式的调查来发现顾客的需要。非正式调查中，可以直接和顾客进行接触了解，例如，可以让和顾客直接接触的销售部门员工成为所需信息的重要来源。而其他非接触人员，则可以对顾客的需求进行侧面征求。而在正式调查中，可以通过不同的调查问卷、报表、数据研究来收集顾客意见，注意：一定要让顾客感到提出意见的方便和快捷。

其次，制定明确目标、衡量标准。想要让整个企业转变经营导向，就要让企业员工都知道如何去为顾客提供真正满意的服务、应该做到怎样的标准。这就需要企业领导层将导向变成具体的任务书、制度、计划书、短期目标等，让员工熟悉、了解和执行。

最后，需要时刻以顾客为中心，通过即时的互动沟通方式，将企业内外的生产营销资源不断进行整合，让企业动态改变自身的研发生产和经营方式，从而让顾客和企业双方的利益得到紧密结合。

在战略化中成长

在目前的市场竞争环境下，中小企业既缺乏品牌优势，同样也没有成本的优势。因此，处于这种地位的企业，其未来的成长速度，将取决于**它们对战略作出怎样的选择**。如果企业的战略规划清晰，就能够帮助企业获

得更加稳定、更加持续的发展前景。因此，企业经营者需要积极考虑下面三个方面的问题：首先，企业对于整个行业的分析是否到位；其次，经营者的战略决策，是否能够得到下属员工的充分认可；最后，企业是否能够创立属于自己的富有价值的品牌来进行自身的战略规划。

一家从事社会化餐饮的企业，在自身成长过程中，利用了战略化的眼光进行规划，并获得了规模化的成长。

该企业的主营业务，包括火锅、拉面连锁店和川菜酒楼连锁店等。2004 年，为了能够扩大经营的规模，还承接了不同企业内部的餐厅，进行承包经营项目。为了能够建立起长远的符合客户需求的战略，可以更好地和企业客户工作时间进行衔接，这家企业首先对食谱进行了充分深入仔细的研究，制定出了相应的制作和服务标准化流程，使得其能够迅速运用到实际服务中去。

而在企业自身的管理方面，这家企业同样建立了良好的标准化制度。例如，对卫生进行严格化的要求，对工作服装进行统一安排，服务的语言也要求职业化。在做到上述要求后，企业迅速在相关行业中打响服务品牌。而为了更好地在战略上扩大市场份额，实现销售利润的提高，对企业未来的战略发展，领导层做出这样的安排：

第一，制作流程化。通过对生产制作内容的分析和研究，该企业领导层组织业务力量，对食谱中一部分受到欢迎、口碑较好的菜品进行研究，形成标准化的制作流程。这样，就能够确保不同分店都利用最简单易懂的制作方式，来加工生产出性价比更高的菜品，并节约了生产时间。同时，也加快了配送时间，拉大了竞争门槛。

第二，对人员进行激励化管理。在人才招聘、管理、任用的过程中，强调采取激励作为主要手段。例如，企业会将不同分店的总体的经营业绩目标进行划分，体现在不同的经营时间和阶段中，而只要这些目标能够在某个时间点、某个阶段达到了相应的标准，就对相关人员进行奖励，从而充分调动员工的工作积极性。

第三，将成本进行降低。为了成功降低生产成本，该企业决定选择一些在市场中有较好口碑的产品进行外包。其外包的内容主要是产品的非技术含量部分。这样，在未来的发展中，该企业将能够集中资源做到对核心业务的专注，并进行产品质量的改善，促进价格的上升。同时，这样的方法能够更好地降低原材料的损耗，并做到积极去库存化，节约了对原材料的采购。

第四，品牌经营化。在餐饮行业中，顾客的口碑显然有着相当的重要性。为此，该餐饮企业决定，从工厂、医院和高校等聚集消费群体较多的区域出发，打响产品品牌，从而让口碑效应迅速产生。等到时机成熟，再进行更大范围的广告攻势，使得整个企业更好地进入社会化经营。

通过这些方法，该企业明确了未来的战略规划，而企业自身的利润获取能力也获得提高。

利润导向思维 ▶▶▶

想要做到对企业未来有所把握，企业领导层必须要站在战略化发展的角度，对企业未来进行明确规划。

1. 尽早实现标准化管理

众所周知，那些成功的企业之所以具备强大获利能力，同企业内部标准化的经营和管理是难以分开的。所谓标准化，意味着企业能够从决策层到执行层形成统一的标准，形成相同的执行力，从而提高产品的质量和工作的效率。

当然，管理的标准化，更容易让自身产品和竞争对手的产品之间形成

充分差距。最重要的是，如果能够很好地做到管理和服务的标准化，就能更好地进入市场，并为企业未来产业化发展奠定基础。这样，社会化的品牌和专业化的管理将会相互结合，获得更多利润。

2. 绩效考核为战略服务

在企业强调股东权益最大化的目标之下，对经理人、管理团队的考核也应该是明确的，即以战略化过程中的结果作为具体依据，来对他们进行考核和奖惩。为了更好地考核他们的业绩，需要企业能够引导并塑造管理团队的经营行为，使得他们清楚地了解自己的利益，并明确增加自身利益和组织利益的共同点，促使他们的思想和行动能够向正确方向引导，从而免除领导者对管理团队的不断监管。

3. 精心打造品牌的辨识度

随着市场竞争的不断激烈化，面对越来越多的消费者需求，任何一家企业都不可能对所有消费者的需求完全满足。企业需要做的是对消费市场进行更多的细分，塑造自己的品牌，突出品牌的辨识度，这样就能在战略上利用品牌吸引顾客。

虽然企业并不需要将每一项产品都和品牌战略联系起来，但其品牌战略的规划却相当重要。通过这方面战略的发展，能够使消费者更快地从市场中看到本企业的产品并进行辨识。企业必须围绕自身的产品主题，选择合适的战略，并利用不同的营销和传播手段，来创造出最大收益。

当然，并非打造出了战略规划，就能够让品牌真正成型。企业品牌的形成和发展，需要经过多次的市场考验，而企业领导层必须要持之以恒才能让企业的品牌优势获得长期的发挥。这需要企业经营管理者注意硬件和软件服务能力的综合发挥，并及时调整经营思路，让战略规划不断指导企业开创良好局面。

在利润滚雪球时实现转型

在市场中，经常能看到两种完全相反的经营方式：第一种，企业缺乏明确目标和需求，经常出现在不同的市场中，认为自己有渠道能够接触到顾客，有店面、有原材料、有库存、有渠道，能够创造高利润。但结果，这样的企业往往会面临困难。另一种企业则在短期内并不急于获取利润，而是在符合企业品牌定位的环境中打开渠道，注重产品的设计和品牌的建立，也较少进行打折销售等活动。即使如此，这样的企业还是能够获得较高的销售利润。

从上述两种企业经营方式的差别可以看出，并非所有的企业都能获得长期利润倍增。即使企业的利润已经有所增加的时候，企业还是要关注如何调整营销重点，甚至是对整个企业进行转型，从而维持企业的长期利润倍增。这就需要企业领导者明确下面的问题：**企业目前最重要的经营目标是什么；企业未来想要通过怎样的方法达成销售目标；企业未来的经营战略和现在的经营模式有什么联系或差异。**

对于企业领导者而言，如果能够在已经获利并迅速成长的过程中，根据自身发展规律，及时发现企业即将面临的问题、看到不同发展阶段的特征，进行经营策略的改变，就能够积极预防失败。这样，就能使企业真正成长并发展壮大。事实上，成长型企业的发展是要跨越许多障碍的，而其跨越的目的在于积极适应不同阶段的不同商业模式。商业模式本身并没有好坏的区分，其关键在于是否适合企业发展和获利。但是，不少中国企业领导层却习惯于"以不变应万变"，一旦获利，即使市场环境发生了变化、组织发生了扩大，还是习惯采取既有的管理惯例、方法来处理新问题。这样，就容易遇到压力乃至失败。

由此可见，一个企业必须要学会根据企业组织规模的扩大、环境的变

化，提前进行转型，从而带着明确目标来跨越发展的鸿沟。

一家主营服装品牌代理销售的贸易公司，代理数个品牌的女士服装销售。目前，作为一家代理公司，企业在固定成本方面投入资金不多，但变动成本的投入较大。另外，企业产品的定价权力、折扣权力，都是由品牌的总经销公司决定，企业几乎没有相应权力。

近年来，虽然该企业通过努力获得了不少利润，但企业领导层出于长远战略的考虑，决定进行积极转型。

首先，采取措施提升销量。在产品销售区域内，该企业积极拓展外部产品市场并提高单个客户质量。与此相关的是，在企业内部实施提升销量的相关政策，从而激励营销部门和员工，确保既定销售量顺利实现。

其次，产品定价层次。该企业通过对客户进行准确分类，从而形成实际上有差别的折扣——大客户折扣较为稳定，而那些贡献较小的客户则享受不到这样的折扣。

再次，提高现金销售率。为此，该企业要求客户能够提前预付部分产品的货款，从而提升客户的质量。同时，企业也通过积极谈判，和供货商进行协商，从而延长付款账期。

在产品周转率上，该企业面临着库存的重大问题。之前，对于那些过季的库存商品，该企业会进行打包处理，然而，这样的后果就是企业的利润遭遇重大损失。经过调整之后，企业学会了对库存商品进行有效分类并采取不同营销措施。通过这样的方法，既可以利用库存商品去打压竞争对手的价格，同时也通过对库存商品进行分类从而提高商品整体销售折扣并提升利润。

最后，企业还决定去掉一些赢利较少的品牌直营店，从而减少企业的固定成本，另外，还在一些地段区域增设了赢利性较好的直营店，从而提升企业未来收入。

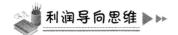 利润导向思维 ▶▶▶

企业在获利过程中想要进行转型，应该注意到企业整体的经营，并重视在利润较好的情况下发现危机的能力。总体来说，可以通过下面的三个部分进行这种状况下的转型。

1. 技术创新的转型

成功的公司在获取利润的情况下，依然应该致力于对技术的革新、发明和改进，并将之和自身对行业观察的力度加以结合，以真正具备价值的创新去对自身的生产力进行发展和推动。

创新能够对企业思考问题的方式和方法进行改变，而转型则要求企业对技术进行不断变化。企业领导者应该在制定战略、形成企业价值观的过程中，对创新进行强调，并致力于让业务模式和市场、客户进行配合，面对发展的市场进行技术上的创新，从而朝向更好的业务模型流程进行转变。这样，企业才能保持优秀的竞争能力。

当然，除了在技术上的创新之外，已经获取利润的企业，还应该围绕市场、文化和制度进行创新。如果企业因为自身已有的成绩而过于自信，就会面临竞争失败甚至是衰落。

2. 围绕企业核心能力进行转型

从产业转型角度而言，即使是那些获取利润能力较强的企业，也应该围绕自身的核心能力来进行转型。

核心能力，是企业内在而不容易被竞争者模仿和学习的、具有企业特性的能力。企业通过实施自身的积极转型，确认并发扬自身核心能力优势，进入新的行业或者采取新的经营策略，不断复制原有核心能力中的成功经验，才能获得更多成功的可能。

3. 在渠道整合中进行转型

想要成功进行转型，企业必须在战略高度上，对于营销渠道进行转型。企业经营者应该重新认识客户，将他们看作价值链条中的重要资产来看待。这样，就能够设计出相应的战略模式，对不同的客户进行系统协调。

通过对渠道的整合，能够将产品或者服务传递给客户，更能在传递基础上去维持客户忠诚，提高他们的购买能力。